JN441378

콜라주 즐기기

FUN Move & travel

Art & Life 02

콜라주 즐기기

2011년 8월 5일 1판 1쇄 발행

지은이 김혜미·서효정

펴낸이 김현표
주간 최진선
편집 장미령
디자인 미진사 응용미술부
콜라주 디자인 김혜미·서효정
일러스트레이션 김소현·박경원

펴낸곳 미진사
주소 서울시 마포구 서교동 464-41 미진빌딩
전화 02-336-6084
팩스 02-338-5391
홈페이지 www.mijinsa.com
이메일 mijinsa@mijinsa.com

등록번호 제1-159호
ISBN 978-89-408-0413-1
978-89-408-0398-1(세트)
값 20,000원

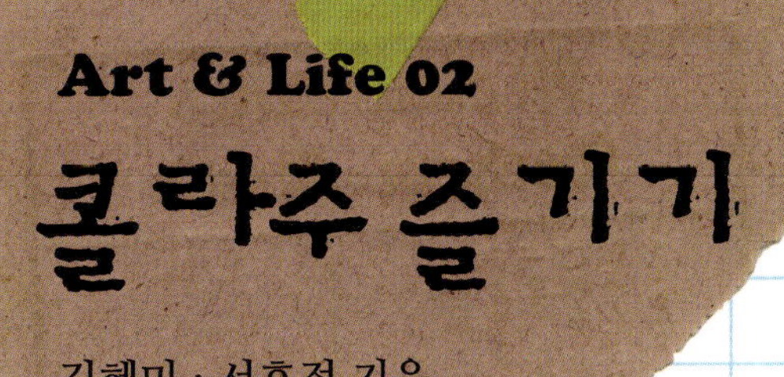

Art & Life 02

콜라주 즐기기

김혜미 · 서효정 지음

미진사

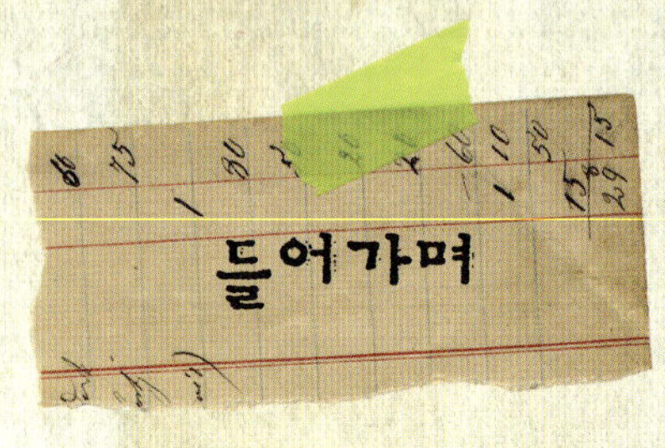

*

어디에 도착할지 모르는 여행…. 콜라주 작업을 할 때면 늘 그런 느낌이 든다. 무언가를 만들고 있지만, 끝에 다다르기 전까지 과연 어떤 모습이 될지 알 수가 없다. 몇 권의 잡지와 풀, 가위. 콜라주에 필요한 것들은 대개 이뿐이다. 조심스럽게 오려내거나 거칠게 찢어낸 종잇조각들이 모여 전혀 예상하지 못한 새로운 이미지가 되는 것을 지켜보노라면, 마치 작은 마술을 보고 있는 듯하다.

콜라주는 그렇다. 아무것도 아니라고 여겨지는 것들이 약간의 손놀림을 거치면 이 세상 어디에도 없는 근사한 무언가가 된다. 의도와 우연이 번갈아 교차하며 하나의 형태를 만들어가는 콜라주 작업에는 말로 형용하기 어려운 기분과 영감이 있다. 이렇듯 정해진 틀이나 특별한 규칙 없이, 만드는 이의 취향과 상상력을 고스란히 담아내는 콜라주는 어린 아이의 그림에서 느껴지는 천진함과 친근함으로 그것만의 묘한 매력을 발산한다.

평범한 재료들이 콜라주를 통해 근사하게 변해 가는 것을 보며, 많은 이들이 '나도 한번 해 보고 싶다'라는 생각을 한다. 그도 그럴 것이 미술을 전공하지 않아도 약간의 손재주와 노력만 있다면 누구나 손쉽게 할 수 있는 것이 바로 콜라주다. 여기에 새로운 시도를 위한 열정과 엉뚱하고도 자유로운 상상력이 가미된다면 더욱 흥미롭고 즐거운 작업이 될 것이다.

**

"콜라주를 하다보면 어디서 끝을 맺어야 할지 모르겠어요. '이제 됐다, 완성이다'라는 것을 어떻게 알 수 있나요?" 몇 년 전, 콜라주 워크숍을 마쳤을 때 한 학생이 위와 같은 질문을 해 왔다. 그 학생에게 주로 쓰는 기법이나 재료가 무엇인지를 물었더니 컴퓨터로 작업한다는 대답이 돌아왔다.

디지털 작업의 장점은 실로 굉장하다. 컴퓨터 상에서 우리는 이미지들을 손쉽게 넣고 뺄 수 있으며 마음대로 변형할 수 있고 간단한 방법으로 여러 가지 효과도 낼 수 있다. 그에 비해 실제 재료를 가지고 손으로 직접 만드는 수작업 콜라주는 여러 면에서 한계가 있다. 잡지에서 오려낸 이미지를 확대하거나 축소할 수도 없고, 색을 교체할 수도 없다. 또한 고정한 위치를 쉽사리 바꿀 수도 없다. 컴퓨터에서라면 얼마든지 쉽고 간단했을 이런 과정들이 수작업 콜라주에서는 전혀 그렇지가 않은 것이다.

하지만 그런 이유들 때문에, 손으로 작업하는 콜라주는 한 번의 손놀림에 더욱 신중하게 되고 고심하게 된다. 마음에 드는 이미지를 찢거나 오려내는 일에서부터 이미지들을 어떻게 조합하여 배치할 것이며, 어떤 색과 어떤 글자체를 선택하여 완성할 것인지에 이르기까지 수많은 사고와 실수를 통해 문제점을 해결해 나가게 된다. 이러한 경험은 콜라주의 특성을 이해하고, 실습을 통해 숙련된 기본기를 다지게 해 준다. 손의 감각을 익힌 후에 디지털 콜라주 작업을 해 나간다면, 실제 결과물을 상상하며 이미지들을 구성해 나가는 데 큰 도움이 될 것이다. 직접 손으로 콜라주를 해 보라! 이것이 위의 질문에 대한 대답이고, 이 책을 쓰게 된 동기이다.

***

이 책은 크게 세 파트로 구성된다. 콜라주를 시작하기에 앞서 콜라주란 무엇이며, 기본적인 준비 과정과 기본 도구들 및 재료들에는 어떤 것들이 있는지를 살펴보는 Part 1과, 본격적인 콜라주 작업을 제시하는 Part 2와 Part 3가 그것이다. Part 2에서는 풀과 가위, 종이 등의 기본 재료들을 이용하여 카드, 편지지, 다이어리 등의 종이를 소재로 한 콜라주 소품들을 만들고, Part 3에서는 여러 미술 기법을 이용하여 앨범, 책, 액자 등의 입체 콜라주 작품들을 만들어 볼 것이다. 이 책을 접하시는 모든 분들도 파트별로 제시된 각 프로젝트를 따라하며 콜라주의 매력에 흠뻑 빠져보시길 바랍니다.

2011년 여름

김혜미, 서효정

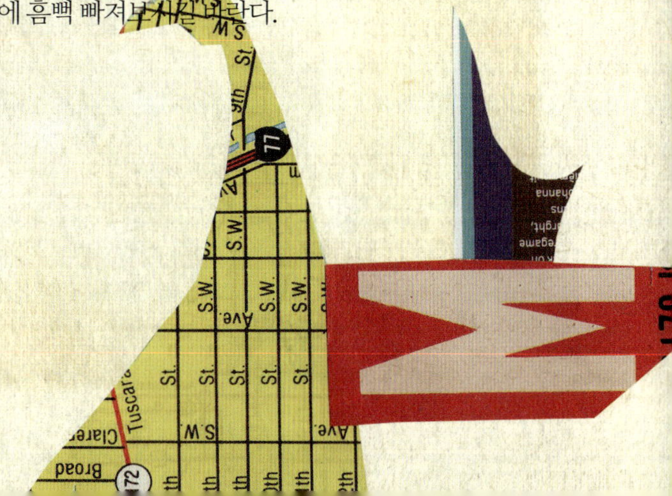

차 례

들어가며 4

Part 1 콜라주 입문

About 콜라주 10
콜라주를 시작하기 전에 11
콜라주 재료 갖추기 12

Part 2 콜라주 하나 종이를 이용한 기본 콜라주

콜라주 시작하기

콜라주에 활용할 수 있는 종이들 24
콜라주 감 잡기 30
간단한 형태 콜라주 만들기 32
자투리 종이를 이용한 콜라주 40

프로젝트

project 1 축하해! 사랑해!, 콜라주 카드 46
project 2 너에게 띄우는 마음, 콜라주 편지지 52
project 3 접었다 펼쳤다, 콜라주 아코디언북 62
project 4 뉴욕의 가을, 콜라주 여행 스크랩북 70
project 5 특별한 한 해를 위해, 콜라주 나무 달력 80
project 6 생활의 발견, 데코테이프로 콜라주한 생활소품 88
project 7 종이 상자가 좋아, 콜라주 리폼 박스 96
project 8 하루하루의 기록, 콜라주 다이어리 104

Part 3 콜라주 둘 미술 기법을 이용한 입체 콜라주

미술 기법 익히기

아크릴 물감과 젯소를 이용한 기법 120

수채화 물감을 이용한 배틱 기법 126

전사 기법 127

스텐실 기법 135

스탬프 도구를 이용한 기법 139

프로젝트

project 1 추억을 담는, 나무 막대 앨범 146

project 2 종이 질감을 살려요, 크라프트 종이 앨범 158

project 3 그림도 그리고 콜라주도 해요, 캔버스 앨범 166

project 4 헌 책을 특별하게!, 콜라주 책 표지 176

project 5 너를 위한 이야기, 책 안에 담는 콜라주 180

project 6 민진아! 백일을 축하해~, 기념 액자 콜라주 186

project 7 태연이의 탄생을 알립니다, 콜라주 게시판 194

project 8 즐거운 루비, 상자 속 콜라주 206

부록

콜라주 작품 감상 219

콜라주 페이퍼 225

No. 11—SUBTRACT
MILTON BRADLEY COMPANY
Springfield, Massachusetts
15-060
Printed in USA
TAG NO.
2224
ARTICLE OR KIND OF MATERIAL
WILLEM II
No. 429
JOKER
ADMIT ONE
WALLED LAKE
AMUSEMENT PARK
DEUTSCHE

Part 1
콜라주 입문

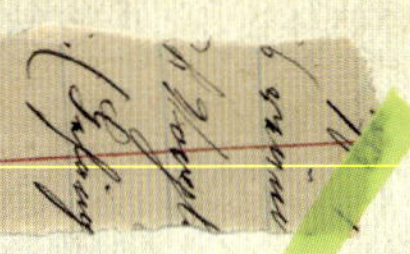

About 콜라주

콜라주*collage*는 프랑스어 파피에 콜레*papiers collés*라는 용어에서 비롯된 말로, 종이를 비롯한 각종 자투리 조각들을 한데 붙여 이미지를 만드는 것을 말한다. 1910년대 초 피카소와 브라크가 캔버스 위에 신문지·헝겊·벽지·인쇄물 및 일상에서 취한 물건들을 붙인 작품들을 만들면서 현대 미술사에 처음 등장한 이래 오늘날 현대 미술에 이르기까지, 콜라주는 주요한 미술 기법들 중의 하나로 각광받고 있다.

피카소와 브라크가 그들의 큐비즘 작품에 콜라주 기법을 도입한 후, 콜라주는 동시대 유럽 각국에서 활동하고 있던 다다이스트들에게 급속히 파급되었다. 1916년 전쟁의 소용돌이 속, 스위스 취리히에서 시작된 다다이즘은 전쟁의 광기와 현대 문명의 모순 속에서 기존의 관습과 인간 사회의 부조리를 지적하고 조롱한 사조였다. 회화와 행위 예술, 음악, 문학에 이르기까지 다양한 예술 분야에서 활동한 다다이스트들은 항상 진부한 것, 익숙한 것에 대한 거부와 도전을 극단적으로 드러냈고, 이러한 행위는 당시 사회에 큰 충격을 안겨 주었다. 그들은 오래지 않아 뿔뿔이 흩어졌고 결국 이름만 남게 되었지만, 그들의 행위와 작업은 현대 개념미술에 중요한 시작점을 제공하였다.

권위와 관습, 지루함과 부조리함에 대한 조롱과 전복을 이념으로 삼은 이러한 다다이스트들에게 콜라주는 그들의 사고를 표현하는 데 매우 적절한 수단이었다. 예술을 접근하기 어려운 고귀한 어떤 것이 아닌 우연과 유머, 장난을 통한 경계 허물기로, 우스운 것으로 탈바꿈시키려 했던 다다이스트들의 태도는 기존의 것을 해체하여 새로운 이미지로 만드는 콜라주 작업과 일맥상통하는 특성들이 있었던 것이다. 그렇다고 이러한 콜라주 작업들이 아무런 계산과 의도 없이 그저 우연과 장난에 의해서만 만들어졌다고 생각하면 곤란하다. 거기에는 작가들의 주제와 구도, 재료와 고유성에 대한 치밀함이 내재되어 있기 때문이다.

콜라주는 특별한 규칙이나 제약이 없어 매우 자유롭고 손쉬운 행위처럼 보이지만, 막상 이를 시도해 본 많은 이들은 콜라주가 생각만큼 쉽지 않다고 말한다. 콜라주가 다른 미술 기법들에 비해 쉽고 자유로운 작업임은 분명하다. 그러나 자유로운 만큼 재료와 방법을 고르는 선택의 폭이 넓고, 정해진 규칙 없이 만드는 이의 감각과 표현에 의존해야 하는 탓에 마냥 쉽지만은 않은 것도 사실이다. 회화와 사진을 비롯한 다른 시각적인 작업들과 마찬가지로 콜라주 작업에서도 좋은 구도와 색에 대한 감각, 재료에 대한 이해, 만드는 이의 표현력과 개성, 창의력 등이 요구된다.

그렇다고 시작도 하기 전에 겁을 먹을 필요는 없다. 콜라주가 전문교육 과정을 밟지 않아도 누구나 쉽게 접할 수 있고, 시도해 볼 수 있는 기법들 중 하나라는 것만은 확실하기 때문이다. 기본 재료와 어느 정도의 미적 감각만 갖고 있다면 결코 어려운 일이 아니다.

◇◆◇◆ 콜라주를 시작하기 전에

콜라주는 사용하는 주된 재료나 기법, 취향에 따라 작업 과정이나 그 결과가 달라지기 때문에 일관된 규칙을 제시할 수는 없지만, 일반적으로 아래의 활동들이 어떤 콜라주 작업에서든 유용하게 적용되리라 생각한다.

재료 모으기

콜라주 작업을 하는 이들에게는 공통된 습관이 있다. 그것은 바로 항상 무언가를 모은다는 것이다. 붓과 물감, 연필 등의 도구 없이 그림을 그릴 수 없듯이, 무엇이 됐건 기본 재료 없이 콜라주를 시작할 수는 없다. 종이를 비롯한 여러 가지 실제적인 사물들을 재료로 삼는 콜라주에서 재료의 종류는 많으면 많을수록, 다양하면 다양할수록 좋다. 평소 사진이나 그림·글자 등 여러 시각적인 소재가 풍부한 잡지, 상품 카탈로그, 영화 브로슈어, 쇼핑백 등 일상에서 쉽게 취할 수 있는 재료들을 모으는 것을 습관화하면, 콜라주 작업을 할 때 따로 재료를 찾아다녀야 하는 수고를 덜 수 있다.

구성 연습

다른 회화 작업과 마찬가지로 콜라주 작업 역시 좋은 구성 감각을 필요로 한다. 콜라주는 기존의 재료를 물감으로 삼아 그림을 그려나가는 행위라고 볼 수 있기 때문에 화면을 구성하는 능력은 콜라주 작업에 있어서 가장 중요한 부분이라고 할 수 있다. 다음의 방법들로 구성 연습을 해 보자.

· 처음부터 복잡한 구성을 시도하기보다는 간단한 구성의 콜라주부터 시작한다.
· 콜라주 작업을 실행하기 전에 완성될 모습을 미리 구상하여 스케치한다.
· 주제가 될 이미지를 먼저 만들고 부제가 될 주변 이미지들을 덧붙이는 순서로 작업한다.
· 이미지들의 크기와 색을 적절하게 대비·조화시키는 것에 유의하면서 구성해 나간다.
· 평소 좋은 콜라주 작업이나 사진, 회화 등의 작품들을 눈여겨 봐 둔다.

자유로운 발상

자유롭고 엉뚱한 상상력 역시 콜라주 작업에 있어서 빼놓을 수 없는 요인이다. 평소 일상적인 사물들과 상황들을 다른 각도로 바라보고, 달리 생각하여 표현하는 연습을 해 보자. 틀에 박힌 이미지는 지루하다. 뒤집어 보고, 과감하게 잘라 보고, 어울리지 않는 것들을 서로 이어 붙여 보는 등 자유롭고 새로운 시도를 해 보자. 다양한 재료와 기법을 사용할수록 주제와 표현에 있어서 개성을 살린 재미있는 결과물들을 만들 수 있다.

기본 재료들

1 실과 바늘 — 다양한 두께의 바늘과 색 실, 조금 두꺼운 포장용 실, 데코 면 실 등 종류가 많고 다양할수록 좋다.

2 순간접착제 — 나무, 플라스틱, 스펀지, 장식용 금속 재료 등을 붙일 때 사용한다.

3 목공용 풀 — 나무나 천, 두꺼운 종이 등을 붙일 때 사용한다.

4 테프론 폴더와 본 폴더 — 종이에 접지선을 긋거나 종이를 접을 때, 풀을 붙인 표면을 문지를 때 사용한다.

5 송곳 — 종이에 구멍을 뚫을 때 사용한다.

6 연필 — 필요한 모양을 오리기 전에 형태를 스케치할 때 사용한다.

7 일반 자와 모양 자 — 반듯한 선과 모양을 만들 때 사용한다.

8 칼/페이퍼 커팅 칼*craft knife* — 칼날이 짧은 페이퍼 커팅 칼은 좀 더 세밀한 부분을 잘라낼 때 유용하다.

9 풀과 가위 — 자르고 붙이는 콜라주 작업에 가장 기본이 되는 재료이다. 핑킹 가위 등 공예용 가위는 물결무늬나 지그재그 등의 모양을 내는 데 유용하다.

10 커팅 매트 — 종이를 자를 때 받침으로 이용한다. 책상과 칼 끝을 보호하기 위해 항상 밑에 받치고 사용하도록 한다.

각종 테이프와 펀칭 도구들

1 투명 박스테이프	접착력과 투명도를 이용해 전사 기법을 쓰는 데 유용하다(p.127-128 참고).
2 색 박스테이프	다양한 색과 강도를 지닌 박스테이프는 형태를 고정하고 꾸미는 데 유용하다.
3 종이테이프	종이처럼 찢어 사용할 수 있어 편리한 접착테이프이다.
4 다이모	원하는 색의 테이프에 알파벳과 숫자를 새겨 넣을 수 있다.
5 아일렛	장식용 단추로 콜라주에 입체적인 포인트를 주기에 적절하다.
6 아일렛 펀치	아일렛을 고정할 때 사용하며, 종이에 구멍을 뚫을 때도 사용 가능하다.
7 모양 펀치	일정한 모양을 같은 크기로 잘라낼 때 유용하다.
8 데코테이프	장식을 위한 테이프로, 천 혹은 다양한 재질의 종이들이 있다.

스탬프와 잉크 관련 재료들

1	스탬프*stamp*	알파벳, 숫자, 다양한 종류의 문양들이 있다.
2	잉크 블렌딩 툴*ink blending tool*	스탬프 잉크를 묻혀 색이 은은하게 묻어나게 하는 데 사용하는 스펀지 툴이다.
3	디스트레스 잉크 패드*distress ink pads*	자연스러운 빈티지 느낌을 표현하기에 알맞다.
4	리퀴드 엠보싱*liquid embossing* 또는 그로시 아센트*glossy accents*	이미지에 투명한 입체 글라스 효과를 주기 위해 사용한다. 두꺼운 종이, 나무, 플라스틱 등 다양한 표면에 사용할 수 있다.
5	잉크 패드*ink pads*	일반 잉크 패드와 유성 잉크 패드가 있다. 유성 잉크는 물에 번지지 않는 잉크로 종이, 나무, 천, 가죽, 플라스틱 등 다양한 표면에 스탬핑할 수 있다.
6	씰 스탬프*seal stamp*/씰링 왁스*sealing wax*	봉투를 봉인하거나 공문서를 압인하는 데 사용하는 것으로, 빈티지 효과를 주거나 이름의 이니셜을 새길 때 좋다.
7	엠보싱 파우더*embossing powder*	엠보싱 클리어 잉크로 스탬핑한 이미지에 입체적인 효과를 줄 때 사용한다.
8	엠보싱 힛 툴*embossing heat tool*	엠보싱 파우더를 녹일 때 사용한다.

보조 용액들과 필름

1 **마스킹 플루이드***masking fluid*

수채화 물감이나 아크릴 물감과 함께 사용한다. 마스킹 플루이드를 바른 후 물감을 칠하면 마른 후에 마스킹 플루이드가 떨어져 나가며 붓칠의 흔적을 반전시켜 보여 준다(p.177-178 참고).

2 **바니시***varnish*

나무 혹은 종이에 완성된 작품을 보호하거나 광택/무광택 등의 효과를 내기 위해 사용한다.

3 **겔 미디엄***gel medium*

접착력이 강하고 투명도가 높으며 광택이 좋다. 캔버스·종이·나무 등 흡수성이 있는 곳에는 어디든 사용할 수 있고, 두껍게 발라도 건조 후 투명하게 되므로 독특한 질감을 얻을 수 있다.

4 **젯소***gesso*

바탕칠 전용 물감으로, 물감의 발색을 돕고 내구성을 증대시켜 준다. 캔버스·나무·종이 등 어떤 재료에도 사용이 가능하다.

5 **네일 에나멜 리무버***nail enamel remover*

이미지를 반전시키는 전사 기법에 사용한다(p.131-132 참고).

6 **마스킹 필름***masking film*

투명하고 임시 고정이 잘 되므로 스텐실을 할 때 유용하다. 마스킹 필름을 붙인 후 원하는 이미지를 칼로 오려내고 스텐실 작업을 하면 정교한 형태를 얻을 수 있다.

색칠 도구들과 사포

1 아크릴 물감	발색이 좋고 사용하기 쉽다. 종이나 나무 등 다양한 표면에 사용 가능하다.
2 사포	거친 표면을 고르게 다듬을 때 사용한다. 나무에 아크릴 물감을 칠한 후 사포로 문질러 빈티지 효과를 낼 수 있다.
3 크레파스	조금은 거칠고 두터운 질감을 표현하는 데 좋다.
4 붓	다양한 크기를 구비할수록 좋다.
5 수채화 물감	물과 혼합하여 사용하는 것으로 맑고 투명하다. 유성 크레파스와 함께 사용하면 서로 섞이지 않아 색다른 표현 효과를 줄 수 있다(p.126 참고).
6 색연필	종이 콜라주, 물감을 이용한 콜라주 등에 함께 사용한다.

그 밖에 여러 가지 재료들

나무 알파벳, 여러 가지 단추, 라벨 프레임, 장식 꽃, 도일리, 스크랩 종이, 헌 우표, 헌 상자, 헌 책 등 다양한 재료들이 많을수록 좋다.

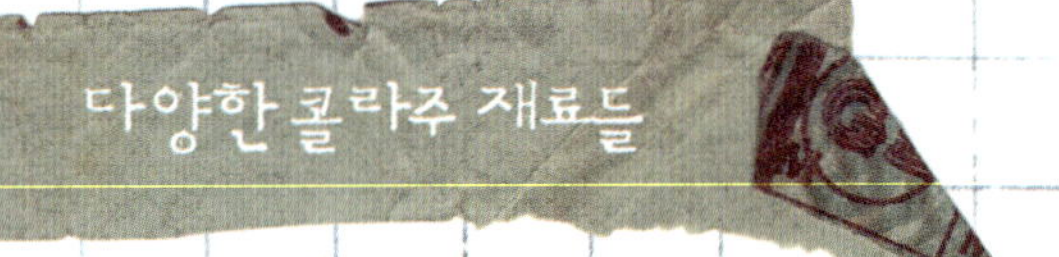
다양한 콜라주 재료들

Wed Thu Fri Sat
4 5 6 7
OKER
ADMIT ONE
30
WALLED LAKE
AMUSEMENT PARK
6 for 25c
DAIRY COUPON
10
TICKET

2
J F G K
R Y
U X B D P
O W Z

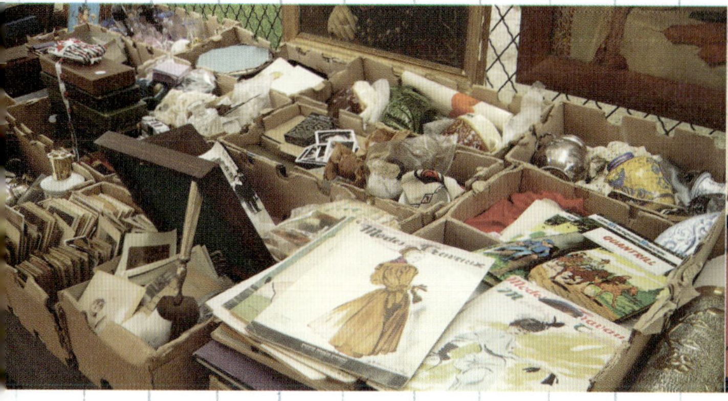

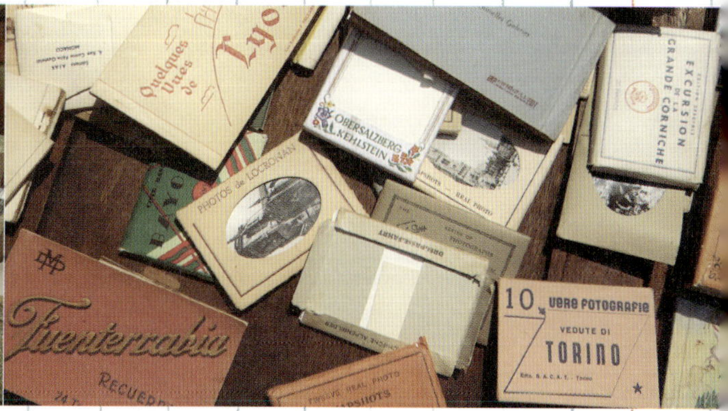

Présenter :
GÉNÉRALE DES EAUX
N° 12528
700
Police N°
N° P.
Livre N°

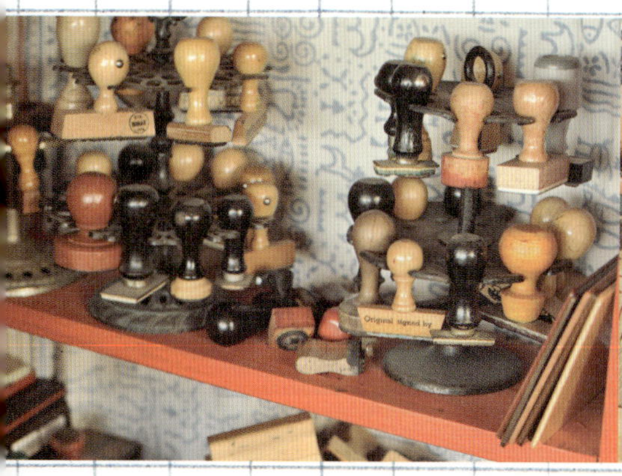

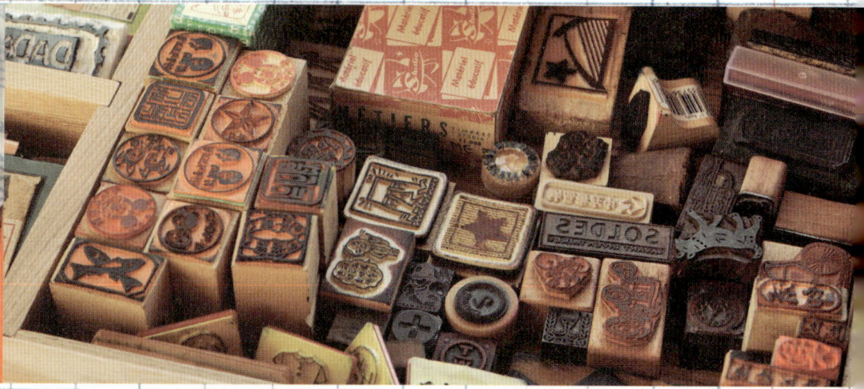

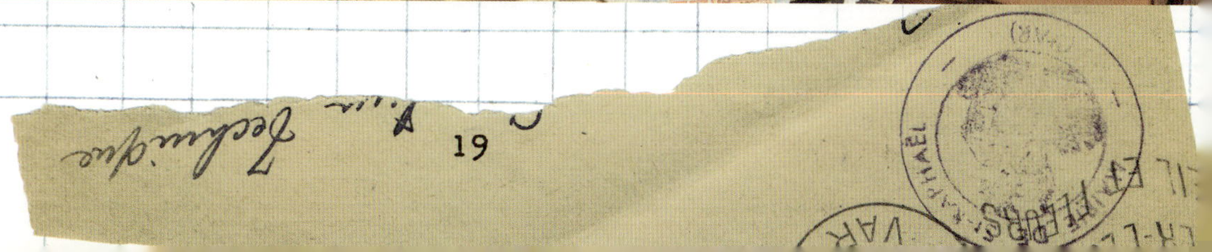

REPÚBLICA PORTUGUESA
MOÇAMBIQUE
7$50
4F
ALGÉRIE
now
enjoy
the
higher
standard
of
eaux UTIL sont déposés et brevetés pour tous pays
취香참외
ICE
LIVERY CO.
25 LBS. ICE
35168
SPERRY AND HUTCHINSON
DISCOUNT FOR
VALUE 1 1/2 MILLS
Subject to S.T.A. Act, Regulations and Conditions of Travel.
S M T W T F S
$1.20 $1.20
ZONES 1 & 2
642588
UVERTES
08
C36088

Part 2
콜라주 하나

종이를 이용한 기본 콜라주

다양한 종류의 종이는 콜라주 작업에 있어서 가장 기본적인 재료이다. 종이는 주변에서 구하기도 쉽고 가위로 자르거나 손으로 찢는 등 다루기도 간편하여 콜라주 작업에 매우 유용하다. '파트 2-콜라주 하나'에서는 이러한 종이의 특징을 이용해 콜라주의 기초를 다지는 연습 과정을 소개한다. 이를 바탕으로 한 프로젝트를 통해 다양한 콜라주 문구 소품들을 만들어 보자.

by 김혜미

NICE,

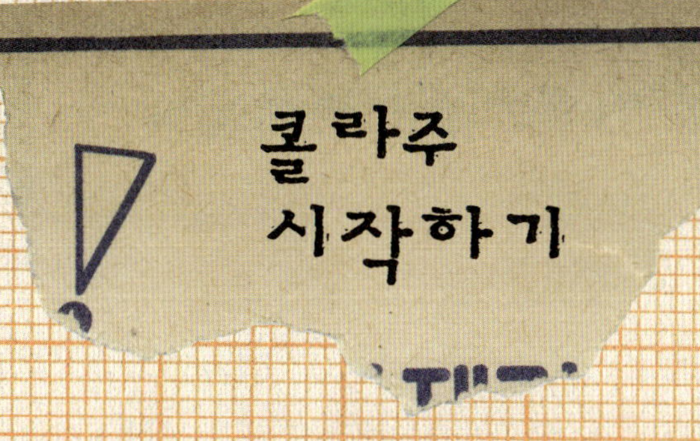

콜라주에 사용할 수 있는 종이들에는
어떤 것들이 있는지 알아보고,
몇 가지 단순한 형태의 콜라주 작품들을
직접 만들어 보면서
콜라주의 감각을 익혀 보자.

콜라주에 활용할 수 있는 종이들

문구용 종이

색종이, 한지, 포장지, 방한지 등 문구점에서 쉽게 구할 수 있는 종이들이다. 꼭 공작용 종이가 아니어도 모눈종이나 원고지, 공책 속지 등도 때로는 훌륭한 콜라주 재료가 될 수 있다.

잡지와 브로슈어

이미지와 글이 가득한 잡지는 콜라주 작업에 굉장히 유용한 재료이다. 사진이나 그림 등 잡지 속 여러 이미지들과 다양한 형태의 글자들을 마음껏 골라 사용할 수 있다. 잡지를 모으기 시작하면 부피가 만만치 않으므로, 마음에 드는 페이지나 글자들을 오려내 따로 보관하는 것이 좋다. 영화관, 미술관, 박물관, 상점 등에 비치된 브로슈어나 카탈로그, 홍보용 엽서 등도 좋은 재료가 된다.

종이 쇼핑백과 종이 봉투

물건을 사면 담아 주는 종이 쇼핑백은 디자인도 다양할 뿐 아니라 비교적 튼튼하게 만들어졌다. 마음에 드는 색이나 패턴으로 디자인된 쇼핑백이 있다면 그것들을 모아 콜라주 작업에 이용해 보자.

또한 종이 쇼핑백보다 부피도 작고 두께도 얇은 종이 봉투들도 콜라주에 좋은 재료가 된다. 얇지만 잘 찢어지지 않는 종이 봉투들은 겹쳐 보이는 효과를 주는 데 유용하다.

빈티지 재료들

색이 바래고 낡은 종이,
예스런 느낌이 물씬 나는 사진들과
글씨가 가득한 헌 잡지,
오래된 책들은 콜라주 작업에서
가장 선호되는 재료들이다.
이러한 것들은 벼룩시장이나
중고 상점, 헌책방 등에서 쉽게
구할 수 있다.
이 외에도 오래전부터 보관해 온
영수증들이나 기록물들,
다양한 티켓들 역시 콜라주에
더없이 훌륭한 재료들이다.

우편 용품들

편지 봉투, 편지지, 우표,
우체국 소인, 우편 스티커 등
우편 관련 종이 용품이라면
무엇이든 좋다.
어렸을 적에 먼 나라의
친구들로부터 받은 편지들,
벼룩시장에서 발견한
낯선 편지 봉투들과 헌 우표들은
이국적이고 특색 있는 콜라주를
만드는 데 효과적이다.

여행지에서 얻은 자료들

여행은 콜라주 작업에 필요한 새로운 재료들을 구할 수 있는 좋은 기회이다.
여행지에서의 현지 영수증, 입장권, 대중교통 티켓,
신문이나 광고 전단지 등은 콜라주의 좋은 재료가 된다.
무엇이든 버리지 않고 잘 모아두면
언젠가는 꼭 요긴하게 쓰일 소중한 것들이다.
특히, 지도에는 특별한 색감과 패턴이 있다.
콜라주의 기본 바탕으로 쓰기에도 좋고
찢어내거나 잘라내 부분으로 써도 좋다.

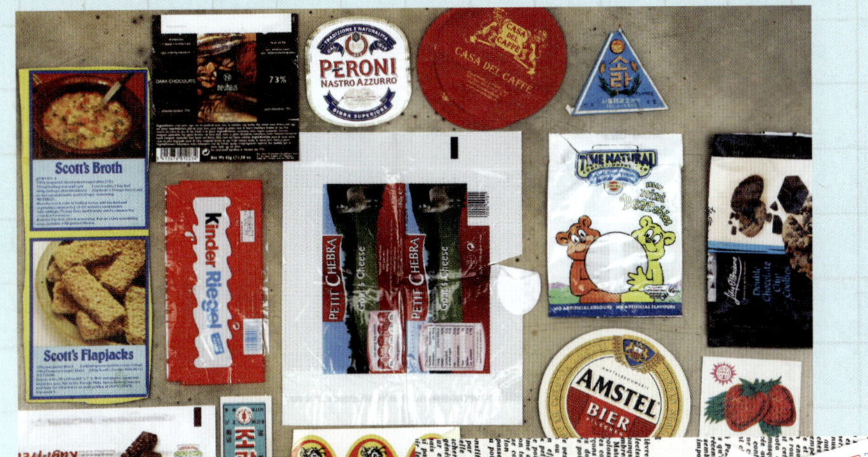

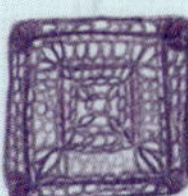

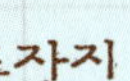

음식 포장지

식품 포장지도
좋은 재료가 된다.
다양한 재질과 컬러로
디자인된 패키지 등을
사용하면 재미있는
효과를 줄 수 있다.

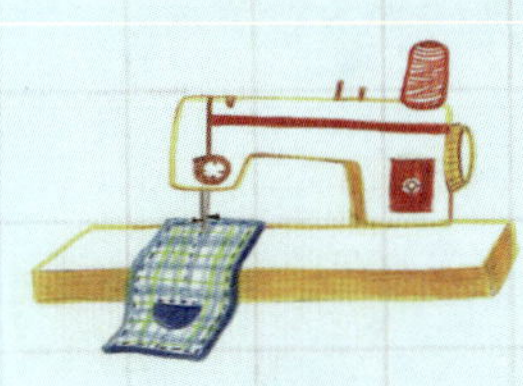

콜라주 감 잡기

콜라주를 이제 막 시작하려는 이들은 작업을 위해 잡지나 브로슈어 등에서 복잡한 형태나 여러 색이 혼재한 이미지들을 찾곤 한다. 그러나 의외로 그냥 지나치기 쉬운 단순한 형태와 색, 반복되는 무늬 등의 이미지들이 콜라주의 좋은 재료가 될 때가 많다. 이러한 것들을 잘 선별하고 적절하게 사용할 줄 알게 된다면 훨씬 다채롭고 독특한 콜라주 작품들을 만들 수 있을 것이다. 수집한 여러 종류의 종이를 자르고 다시 구성하는 연습을 통해 콜라주에서 기본이 되는 색과 형태의 감각을 익혀 보자.

무늬 콜라주

잡지나 브로슈어 등에서 콜라주에 쓸 페이지나 부분을 뜯어낸다.

다양하고 화려한 색과 패턴이 담긴 종이들을 모은다.

수집한 종이들에서 원하는 무늬의 종이들을 골라 비슷한 크기의 네모 모양으로 자르고 나열한다. 각기 다른 색과 형태들이 모여 또 다른 이미지를 만드는 것을 확인할 수 있다.

단순한 형태일지라도 어떤 부분을 선택하느냐에 따라 전혀 새로운 이미지가 될 수 있다. 기존의 이미지를 이용해야 하는 콜라주의 특성상, 이러한 구성 능력을 길러두면 매우 유용하다.

글자 콜라주

잡지, 브로슈어, 신문 등에서 쉽게 잘라 쓸 수 있는 다양한 형태의 글자들과 숫자들도 콜라주에 꼭 필요한 요소들이다. 독특하고 큰 문자나 숫자, 기호 등은 콜라주에 다양하게 쓰이므로 평소 눈에 띌 때마다 미리 모아 두는 것이 좋다.

잡지나 브로슈어, 포장지 등에서 잘라낸 글자와 숫자들을 한데 모은다. 각기 다른 색과 크기, 형태의 글자들이 모여 시각적으로 재미있는 패턴이 된다.

의미가 전달될 필요가 없을 때에는 글자의 일부를 손으로 찢어내거나 과감하게 잘라내 사용해도 좋다.

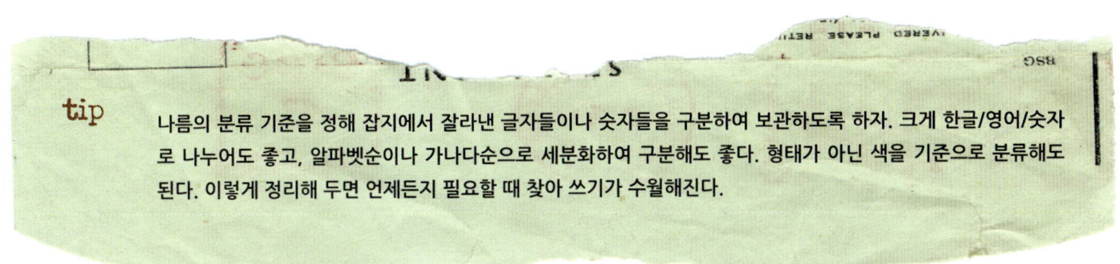

tip

나름의 분류 기준을 정해 잡지에서 잘라낸 글자들이나 숫자들을 구분하여 보관하도록 하자. 크게 한글/영어/숫자로 나누어도 좋고, 알파벳순이나 가나다순으로 세분화하여 구분해도 좋다. 형태가 아닌 색을 기준으로 분류해도 된다. 이렇게 정리해 두면 언제든지 필요할 때 찾아 쓰기가 수월해진다.

간단한 형태 콜라주 만들기

다양한 색과 무늬의 종잇조각들을 이용하여 단순한 사물이나 동물의 형태를 만들어 보자. 선택한 대상의 특징이 살아나도록 단순화시키는 것이 중요하다. 처음에는 비교적 복잡하지 않은 단순한 형태의 대상을 골라 다양한 방법으로 만들어 보는 것이 좋다. 여러 번 하다보면 콜라주로 구성을 하고 형태를 만드는 것이 어렵게 느껴지지 않을 것이다.

의자 만들기

만들고자 하는 형태를 스케치하고, 콜라주에 쓸 재료들을 준비한다.

의자 등받이 부분을 먼저 오린다.

의자 등받이 부분에 맞춰 다른 종이에 나머지 부분들을 적당한 크기와 형태로 그린다.

선을 따라 자르고 해당 위치에 올려 놓는다. 의자 다리로 쓸 만한 종잇조각들을 자르거나 손으로 찢어 준비한다.

준비한 각각의 조각들을 하나씩 붙여 나간다.

미리 준비해 놓은 여러 개의 의자 다리들 중에서 잘 어울리는 것들을 골라 붙여 완성한다.

남은 의자 다리 조각들을 이용해 의자를 하나 더 만들어 보자. 이번엔 남은 조각들을 의자 등받이로 활용한다.

완성된 등받이에 다른 종이를 대고 필요한 나머지 형태를 그린다.

선을 따라 자르고, 알맞은 위치에 붙인다.

또 다른 색지를 이용해 의자 다리 모양을 만들어 붙여서 의자를 완성한다.

새 만들기

잡지나 브로슈어 등에서 형형색색의 글자들이 가득한 종이들을 모아 보자. 먼저 새의 몸통 부분이 될 종잇조각을 잘라낸다.

몸통 부분과는 다른 색의 종이를 골라 새의 머리를 만들어 준다.

역시 다른 색과 다른 크기의 글자가 인쇄된 종이를 골라 날개를 만든다.

몸통이 완성되었으면, 종이를 적절한 크기로 잘라 새의 다리를 만든다.

준비된 각 조각들을 차례로 붙인다.

눈을 붙여 새를 완성한다.

남은 종이들을 이용하여 새가 걸터앉을 나무를 콜라주해 보자. 나뭇가지들마다 다른 인쇄물을 사용해 주면 훨씬 다채로워진다.

소녀 만들기

이번에는 소녀의 모습을 콜라주해 보자. 잡지나 브로슈어에서 골라낸 종이에서 얼굴과 몸을 원하는 형태로 잘라 준비한다.

얼굴과 몸에 어울리는 팔의 형태를 만든다. 이때 손가락까지 자세히 표현할 필요는 없다. 때로는 과감한 생략이 시각적으로 재미있는 효과를 준다.

밝은 여자 아이의 분위기에 맞게 화사한 느낌의 종이를 골라 원하는 형태의 머리 모양을 만든다.

다른 종이를 사용하여 다리 형태를 만든다. 이때 두 다리의 길이를 다르게 하여 붙여 역동적인 느낌이 나도록 한다.

남은 종이들로 배경을 꾸미고, 잡지에서 잘라낸 알파벳을 사용하여 이름을 만들었다. 글자가 인쇄된 종이를 잘라 쓸 때에는 글자 부분이 어떻게 보일지를 미리 가늠해서 쓰는 것이 좋다. 여기서는 머리 부분의 빨간 글씨체가 머릿결처럼 보이도록, 그리고 얼굴 부분의 검은 글씨체가 입 모양처럼 보이도록 종이를 잘라 사용하였다.

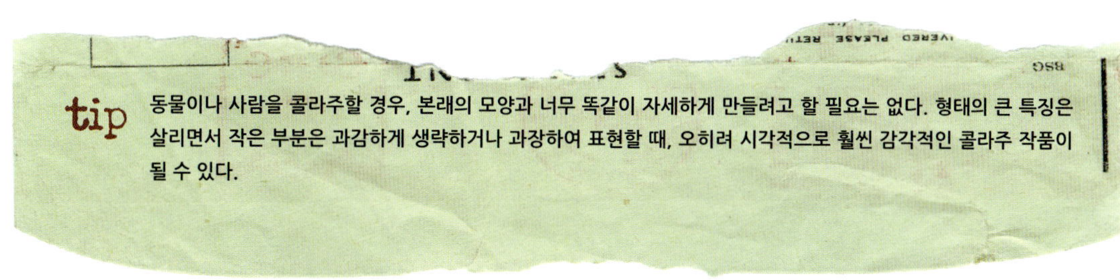

tip 동물이나 사람을 콜라주할 경우, 본래의 모양과 너무 똑같이 자세하게 만들려고 할 필요는 없다. 형태의 큰 특징은 살리면서 작은 부분은 과감하게 생략하거나 과장하여 표현할 때, 오히려 시각적으로 훨씬 감각적인 콜라주 작품이 될 수 있다.

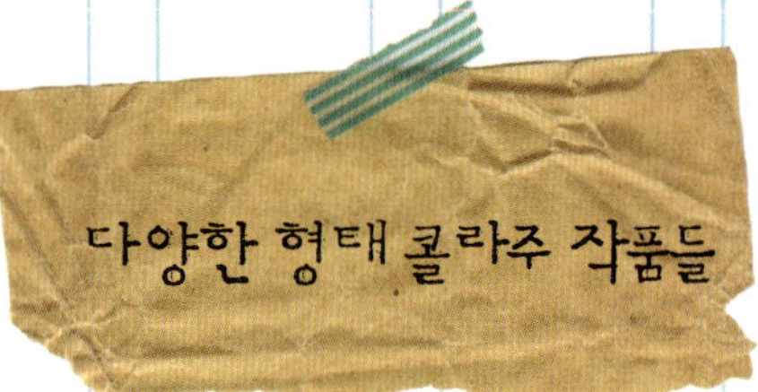
다양한 형태 콜라주 작품들

days

Débats-
rencontres
JACQUES ROUBAUD

ASHLEY BEEDLE

RUBY

Jin & Jun

RUBY

Rough it, crush it,
your style still
bounces back

자투리 종이를 이용한 콜라주

콜라주 작업을 하다 보면 종이를 자르거나 찢고 남은 자투리 조각들이 많이 생긴다. 그중에는 그대로 다시 사용해도 좋을 만큼 재미있는 이미지들이 많이 있다. 이렇게 우연히 만들어진 이미지들이 종종 콜라주 작업을 흥미롭게 만드는 요소가 된다. 이제 자투리 조각들을 이용하여 새로운 콜라주 작품을 만들어 보자.

잡지, 종이 봉투, 포장지, 영수증, 지도 등에서 잘라 쓰고 남은 조각들을 모은다.

바탕이 될 종이를 준비하고, 자연스럽게 찢겨져 나간 항공 우편 봉투를 펼쳐서 적당한 위치에 붙인다.

마음에 드는 이미지들을 골라 대강의 위치를 잡는다.

가장 큰 이미지부터 자리를 잡아 붙여 나간다.

눈에 잘 띄도록 밝은 색의 종이를 모자처럼 잘라 여자 머리 위에 붙인다.

고정시킨 이미지 주변에 콜라주할 작은 이미지들의 위치를 잡는다.

오른쪽 아래에 작은 여자 이미지를 붙이고, 초록색 종이를 덧붙인다.

왼쪽에 있는 큰 여자 이미지와 균형을 맞추기 위해 편지 봉투와 어울리는 파란색 조각을 골라 오른쪽 위에 붙인다.

나머지 이미지들을 펼쳐 놓고 다시 한 번 위치를 재조정한다.

세 번째 여자 이미지가 놓일 위치를 결정하여 붙인다.

앞의 두 여자 이미지들처럼, 세 번째 이미지에도 컬러풀한 종잇조각들을 덧붙여 준다. 이왕이면 이미 사용하지 않은 색을 고르도록 한다.

미리 골라 놓았던 과일 바구니 이미지의 위치를 잡고, 글자가 인쇄된 종잇조각들을 하나씩 붙여 나간다.

알파벳, 한글, 숫자 등은 적당히 잘라내거나 다른 종이 위에 덧붙여 일부를 가리는 방법으로 콜라주해 주면, 시각적으로 훨씬 재미있게 된다.

이제 남아 있는 몇 가지 조각들을 세 여자 이미지 위에 하나씩 덧붙여 보자.

먼저 꽃 모양의 조각을 오른쪽 위의 여자 이미지에 붙인다.

빨강색 종잇조각을 잘려진 그대로 흑백의 글씨 위에 붙인다.

한글이 적힌 종이를 오른쪽 아래 여자 이미지에 붙이기 위해 글씨만 남도록 바짝 자른다.

전체 구성상 녹색 종이의 왼쪽보다는 오른쪽에 붙이는 것이 더 나아 보인다. 편지 봉투의 가장자리에도 살짝 걸쳐지게 붙인다.

자투리 종잇조각들을 이용한 콜라주 작품이 완성되었다.

tip 콜라주 작업을 할 때 어떤 순서로 붙여야 할까? 작업하는 방식은 개인의 취향에 따라 각기 다르다. 그러나 일반적으로 주제로 쓸 이미지를 결정하여 이를 먼저 콜라주하고, 나머지 주변 이미지들을 차례로 붙여 나가는 방식이 좋다. 아무래도 제일 큰 이미지를 주제로 삼아 작업해 나가는 것이 화면을 구성하기에 훨씬 편하다.

AVANT
QU'IL
SOIT
TROP
ed. Consider the
Nuits
29·3
SECO

프로젝트
카드와 편지지, 다이어리, 달력 등
작은 문구류나 인테리어 소품들을
다양한 종이들로 콜라주하여 만들어 본다.
자신만의 개성과 감각이 한껏 묻어나는
콜라주 소품들로 평범한 일상에
색다른 멋을 더해 보자.

축하해! 사랑해! ◈ 콜라주 카드

소중한 날을 위한 카드를 콜라주로 만들어 꾸며 보자. 정성이 듬뿍 담겨 있는 세상에서 하나뿐인 카드는 받는 이에게 특별한 감동을 줄 것이다.

준비물 ◆ 풀, 가위, 다이모, 스티커, 200g 이상의 두꺼운 색지, 잡지와 브로슈어 등.

축하해! 카드

1

잡지나 브로슈어 등에서 콜라주에 쓰일 종이들을 골라 준비한다.

2

여러 색상과 패턴의 종이들을 모아 촛불 형태로 미리 잘라 놓는다. 나중에 언제든 또 쓸 수 있도록 필요한 양보다 넉넉하게 만들어 둔다.

3

카드로 쓸 두꺼운 색지를 반으로 접는다.

4

다양한 색상의 종이들을 잘라서 생일 케이크 모양을 만들어 나간다.

5

미리 잘라 놓은 촛불 형태의 종이들 중 적당한 색깔과 크기의 것들을 골라 붙인다. 이왕이면 같은 색이 반복되지 않으면서도 잘 어울리는 것들로 고른다.

6

필요한 알파벳을 잡지나 카탈로그에서 잘라내고 적당한 위치에 붙인다. 원 모양의 스티커를 이용해 배경을 꾸며 마무리한다.

사랑해! 카드

1

카드로 쓸 두꺼운 색지를 반으로 접어 놓는다. 배경으로 덧붙일 모눈종이를 준비하고, 여러 색과 무늬의 종이들을 하트모양으로 미리 잘라 둔다.

2

콜라주 배경으로 쓸 모눈종이를 카드 위에 붙인다.

3

오래된 잡지에서 가장자리로 쓰일 이미지를 골라 잘라 붙인다.

4

녹색 종이 위에 색연필로 눈·코·입을 그려 소녀의 얼굴을 만들고, 두건 모양의 종이를 만들어 붙인다.

5

다른 종이를 골라 소매 모양으로 자르고 소녀의 팔 부분에 붙인다.

6

미리 준비해 놓은 다양한 색과 무늬의 하트 모양을 화면 한 쪽에 붙여 채워 나간다.

7

다이모를 이용해 원하는 문구를 찍은 후, 적당한 위치에 붙여 완성한다.

완성된 카드.

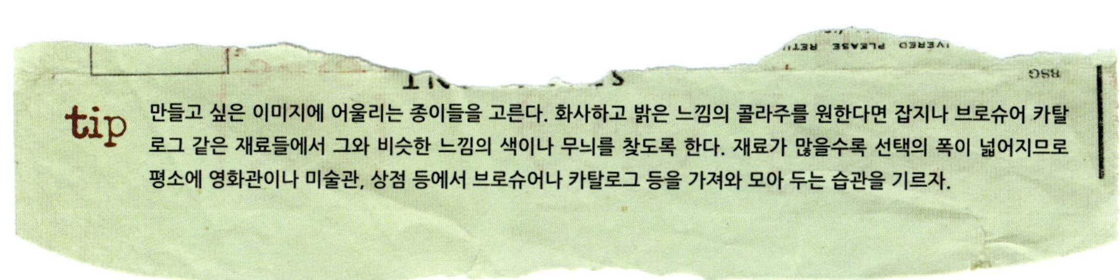

tip 만들고 싶은 이미지에 어울리는 종이들을 고른다. 화사하고 밝은 느낌의 콜라주를 원한다면 잡지나 브로슈어 카탈로그 같은 재료들에서 그와 비슷한 느낌의 색이나 무늬를 찾도록 한다. 재료가 많을수록 선택의 폭이 넓어지므로 평소에 영화관이나 미술관, 상점 등에서 브로슈어나 카탈로그 등을 가져와 모아 두는 습관을 기르자.

project
2

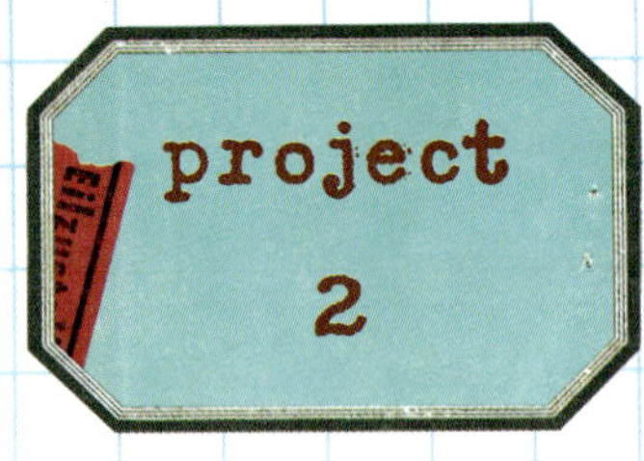

너에게 띄우는 마음 ◈ 콜라주 편지지

색이 바래고 오래된 느낌이 나는 종이들을 모아 콜라주 편지지를 만들어 보자. 완성된 콜라주 편지지를 스캔받아 파일로 저장해 두면, 필요할 때마다 출력해 쓸 수 있다.

준비물 ◆ 풀, 가위, 헌 책에서 찢어낸 종이, 모양 스탬프(고무도장), 헌 우편 봉투나 우편 스티커, 그 밖에 다양한 종이들.

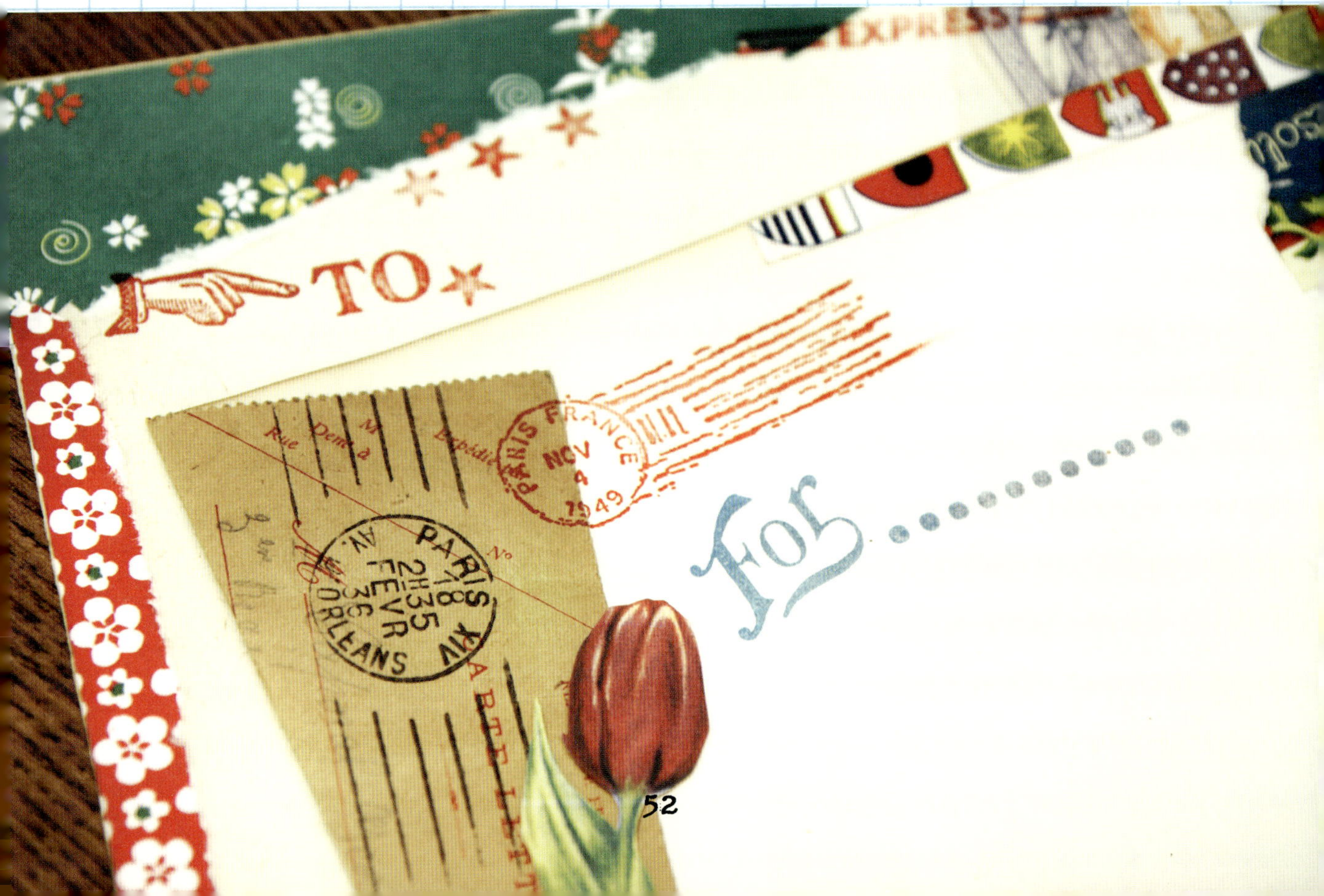

편지지 하나

1

다양한 모양과 색깔의 종이들, 오랫동안 보관해 온 편지 봉투와 우편 스티커, 그리고 다양한 모양의 스탬프 등을 준비한다.

2

헌 책에서 편지지 바탕으로 쓸 만한 페이지를 뜯어낸다. 가장자리의 색이 바래고 닳아 있는 종이를 사용하면, 낡은 빈티지의 느낌을 살릴 수 있다.

3

준비한 재료들 중에서 콜라주에 쓸 적당한 종이들을 골라 대강의 위치를 잡아 본다.

4

항공 우편 봉투의 가장자리에 있는 패턴 부분을 잘라 오른쪽에 붙인다. 오래된 우편 엽서의 부분을 잘라 왼쪽 구석에 붙이고, 비슷한 질감의 꽃 모양 종이를 그 위에 덧붙인다.

5

상점에서 물건을 담아주었던 종이 봉투를 이용해 보자. 종이 봉투를 붙일 적당한 위치를 잡고, 원하는 크기만큼 잘라 붙인다.

6

그 위에 항공 우편 스티커를 붙이고, 다양한 모양의 스탬프들을 준비한다.

7

사용하고 남은 편지 봉투에 나무 모양의 스탬프를 찍고 손으로 찢어낸 후, 비어있는 오른쪽 구석에 붙인다.

8

모양 스탬프로 남은 가장 자리를 꾸며 준다.

9

마무리하여 콜라주 편지지를 완성한다.

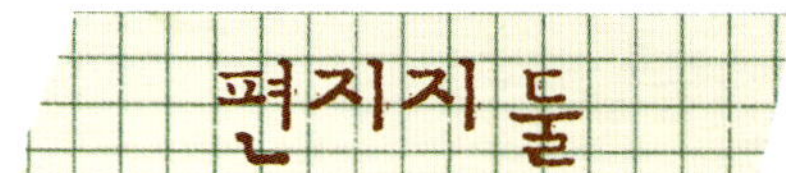

1

편지지 바탕으로 쓸 종이와 콜라주할 여러 가지 종이 재료들을 준비한다.

2

준비한 재료들을 편지지로 쓸 종이 위에 얹어 대강의 위치를 잡는다.

3

편지 봉투의 우표가 붙은 부분을 찢어내 오른쪽 구석에 붙인다.

4

붙이려는 종이에 원하는 형태를 그리고 선을 따라 잘라낸 후 붙인다.

5

오래전에 친구에게 받은 편지 봉투를 이용해 보자. 편지지 하단에 대어보고 어느 정도로 잘라 쓸지를 결정한 후, 크기에 맞게 잘라 붙인다.

6

미리 골라 놓은 노란 종잇조각과 숫자가 인쇄된 종이를 왼쪽 가장자리에 붙여 꾸민다.

7

이제 스탬프 도구를 이용하여 편지지를 꾸며 보자. 나무 무늬가 있는 스탬프를 골라 비어있는 왼쪽 하단에 찍는다.

8

오른쪽 가장자리와 왼쪽 상단에도 다른 무늬의 스탬프를 찍어 꾸민다. 편지지 하단에 영어 문구가 있는 스탬프를 찍어 마무리한다.

9

완성된 콜라주 편지지들.

완성된 편지지.

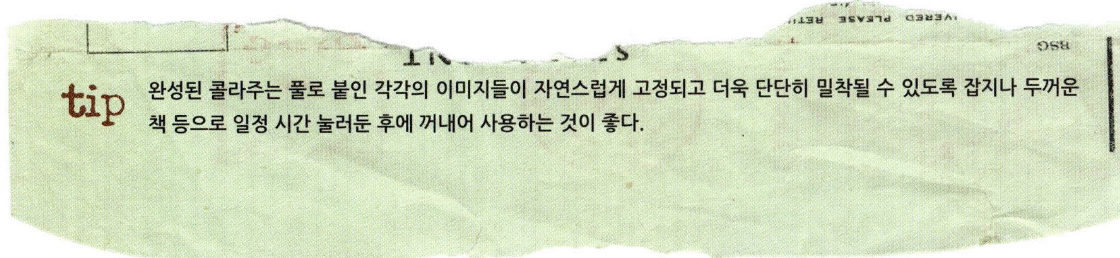

tip 완성된 콜라주는 풀로 붙인 각각의 이미지들이 자연스럽게 고정되고 더욱 단단히 밀착될 수 있도록 잡지나 두꺼운 책 등으로 일정 시간 눌러둔 후에 꺼내어 사용하는 것이 좋다.

Special Gallery
김혜미의 엽서 콜라주

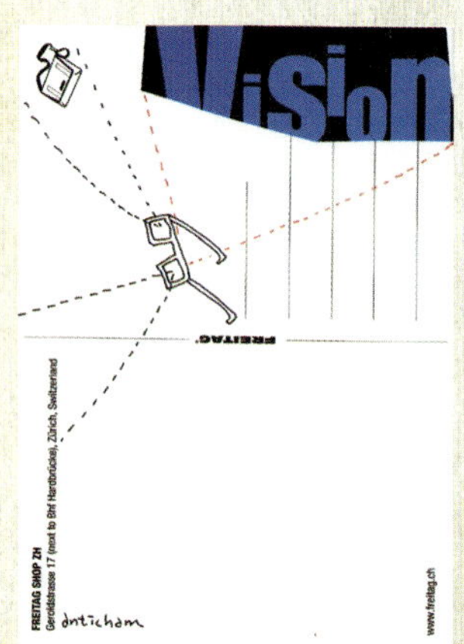

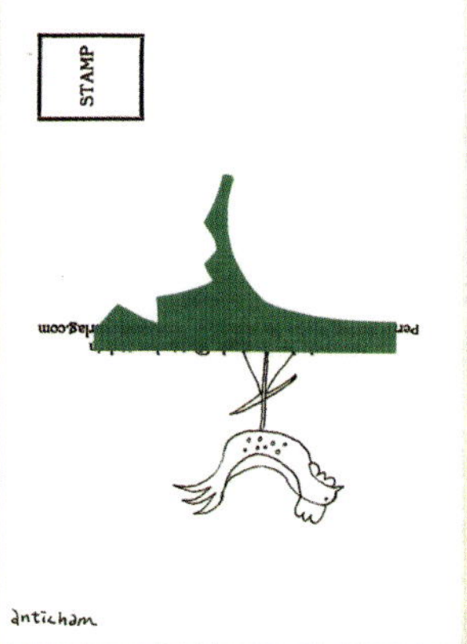

A BOOK
about
DEATH.

BOOK
ABOUT
death
For
Perfect

Joke:

do
WHAT MAKES YOU
NOTHING
all sizes great
and small

How did they live? What did they do?
Adieu Dada mon seul voyage
SHOW Time

MY PARENTS' WEDDING
8th. Dec. 1973.
"2 months later I was born"

A compelling tale

project
3

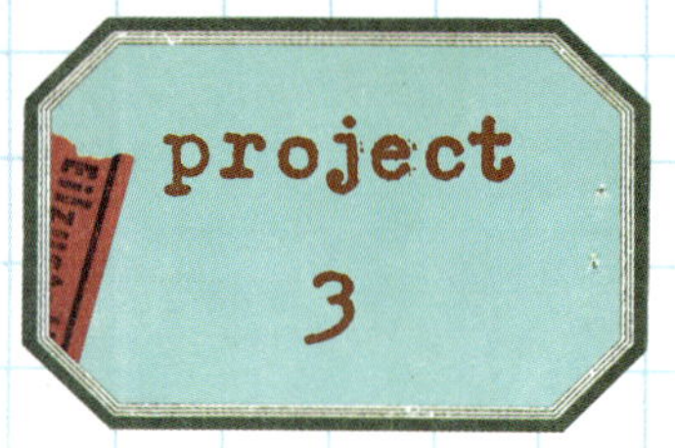

접었다 펼쳤다 ◈ 콜라주 아코디언북

긴 종이를 부채처럼 접었다 펼칠 수 있는 아코디언북을 만들어 보자. 접어두면 평범한 책이지만 펼쳐서 선반이나 책장 위에 얹어두면 근사한 인테리어 소품이 된다.

준비물 ◆ 풀, 가위, 종이(크기 A3이상, 무게 200g이상), 커버로 쓸 하드보드지, 이미지가 있는 다양한 종이들(여기서는 잡지와 헌 책, 신문지 등에서 주로 여자 이미지들을 수집하였다).

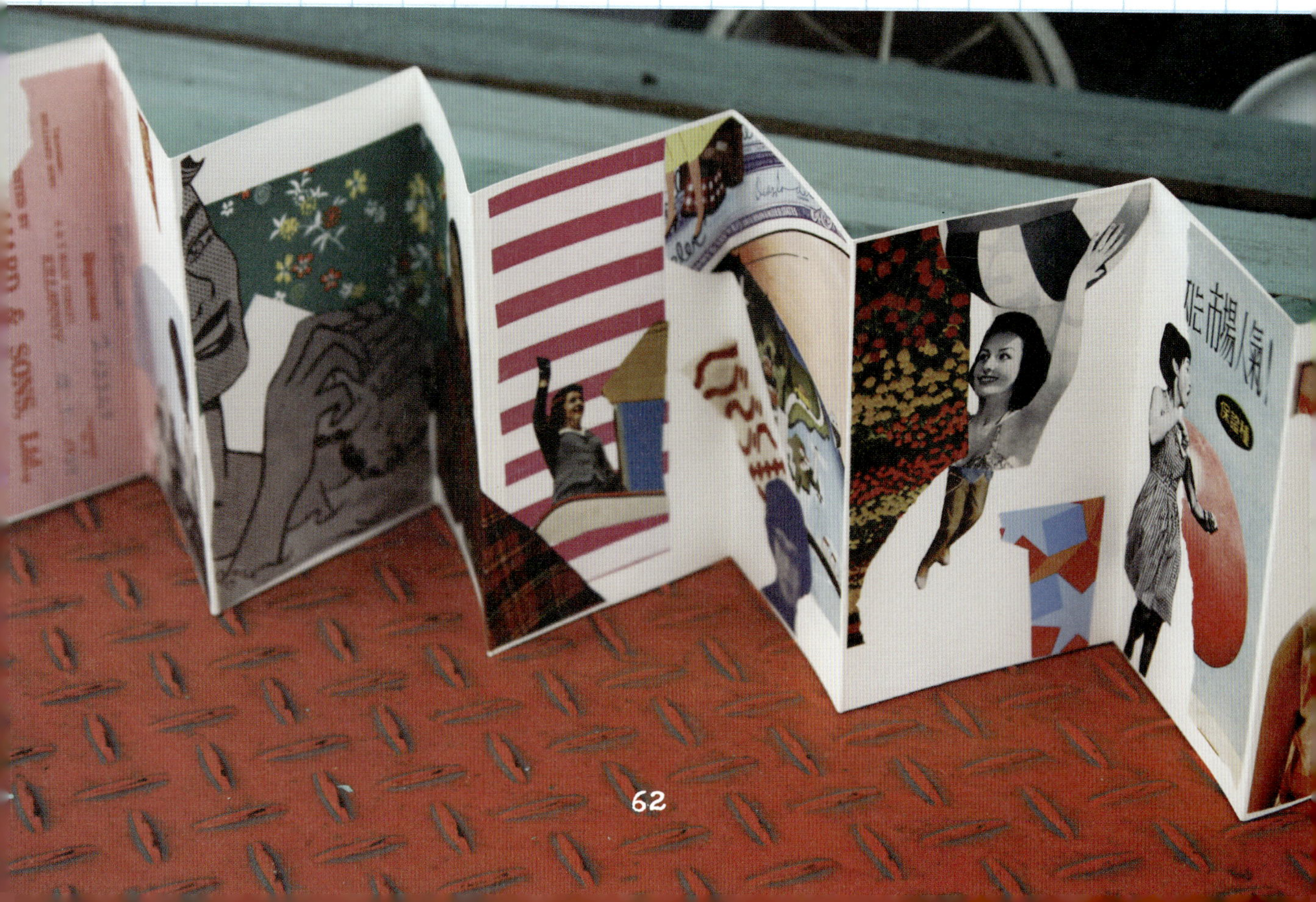

1

콜라주할 아코디언북의 기본 틀을 만들어 준비한다(p.68-69 일러스트 참고).

2

왼쪽부터 콜라주해 나간다. 접히는 부분을 고려하여 얇은 종이를 고른다.

3

옛날 잡지에서 흑백의 여자 이미지를 골라 형태를 잘라낸다.

4

방한지를 적당하게 찢어내, 여자 이미지의 배경으로 사용한다. 방한지의 색과 대비를 이루는 빨간색 종잇조각을 잘라 비어있는 위쪽에 붙인다.

5

다음 페이지에 쓸 이미지를 신문에서 오려 준비한다. 앞에 사용한 여자 이미지보다 큰 이미지를 골라 변화를 주고, 바탕으로 꽃 모양의 종이를 적당한 크기로 잘라 붙인다.

6

흑백 이미지 다음으로 컬러풀한 여자 이미지를 골라 녹색의 꽃 모양 종이 위에 적당히 걸쳐 붙인다.

7

잡지에서 잘라낸 여러 이미지들을 콜라주하여 페이지를 꾸민다.

8

헌 책에서 오려낸 여자 이미지를 붉은 색의 무늬 위에 얹어 붙인다.

9

또 다른 사진을 골라 여자 부분만 잘라내고, 바탕 종이 위에 붙인다.

10

다른 사람의 이미지에서 잘라낸 다리 부분을 여자 이미지 아래쪽에 이어 붙인다. 의도적으로 비율이 맞지 않는 것을 골라 시각적인 재미를 준다.

11

흑백 여자 이미지를 하나 더 준비하여 배경 이미지로 먼저 붙인 종이 위에 덧붙인다. 나머지 페이지에는 노란 분위기의 이미지들을 모아 콜라주한다.

12

마무리하여 콜라주 아코디언북을 완성한다.

완성된 아코디언북.

tip 콜라주용 이미지를 준비할 때, 일반적으로 종이를 가위로 자르거나 손으로 찢어 사용하게 된다. 가위로 이미지를 잘라낼 때에는 이왕이면 깔끔하게 잘라내도록 하자. 때로는 이미지의 일부를 과감하게 잘라내서 의외의 형태를 만들어 보는 것도 좋다. 손으로 찢어 사용할 때는 종이의 결을 고려해서 찢는다. 하얗게 찢겨져 나간 가장자리가 재미있는 효과를 주기 때문이다.

아코디언북 내지 만들기

1

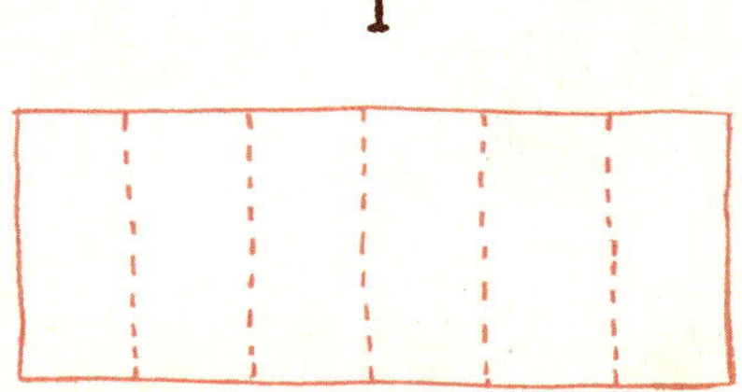

원하는 길이로 준비한 종이(250g 정도의 두꺼운 종이가 좋다)를 같은 간격으로 나누어 접지선을 만들어 준다.

2

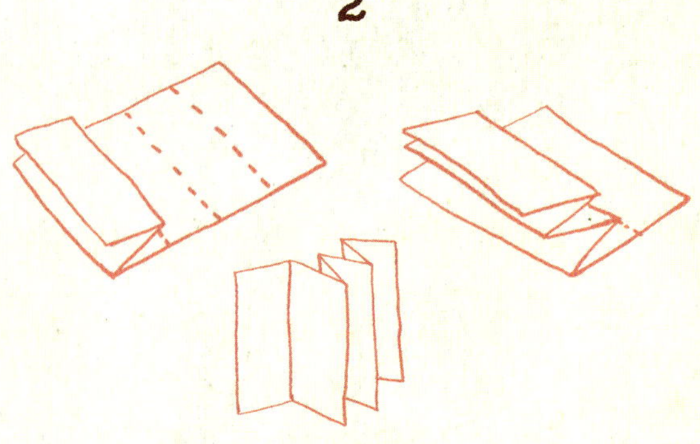

접지선을 따라 부채접듯이 접는다.

3

내지 양끝 페이지에 붙일 커버를 만들어 보자. 내지 한 페이지의 크기보다 사방 3mm가 큰 하드보드지를 준비한다.

4

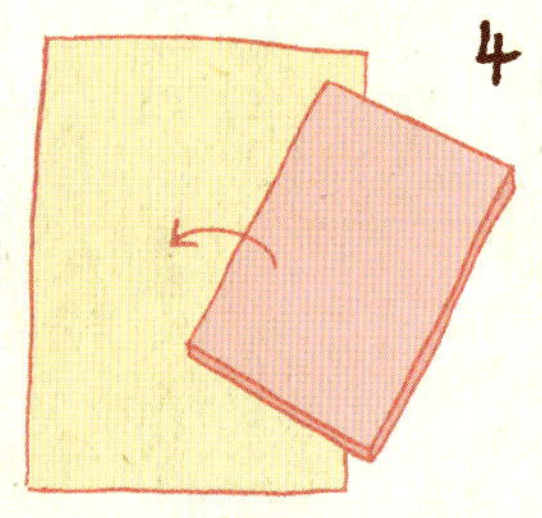

하드보드지보다 사방 3cm가 더 큰 커버 종이를 준비한다.

5

커버 안쪽에 풀칠을 하고 준비한 하드보드지를 중앙에 붙인다.

6

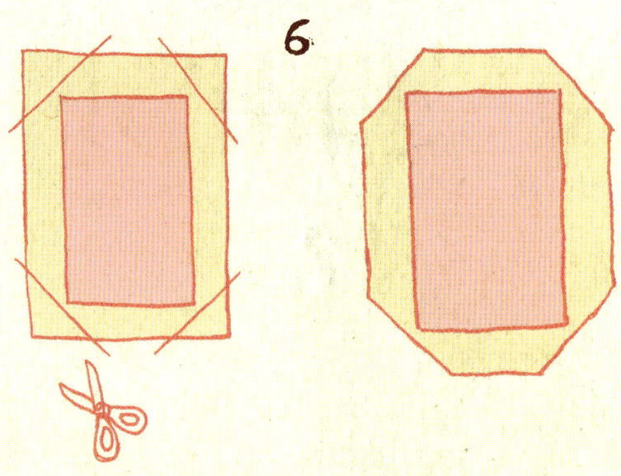

하드보드지 두께의 2배 만큼의 간격을 남겨두고 각 모서리를 그림과 같이 잘라낸다.

7

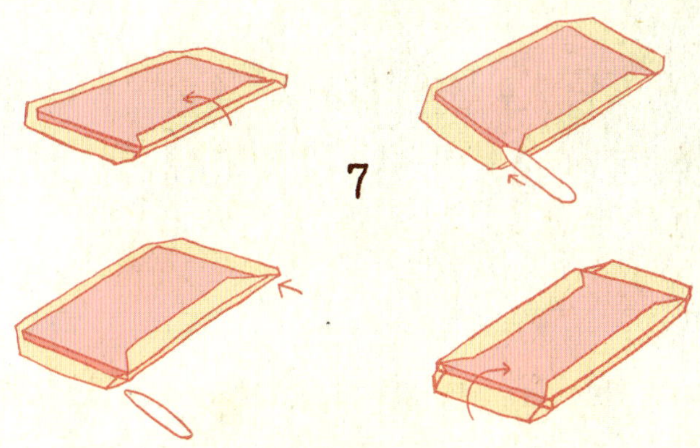

한 면씩 접어 붙여 준다. 모서리쪽 여분의 종이는 폴더를 이용해 접어 눌러 준다.
네 면을 같은 방법으로 접어 붙인다.

8

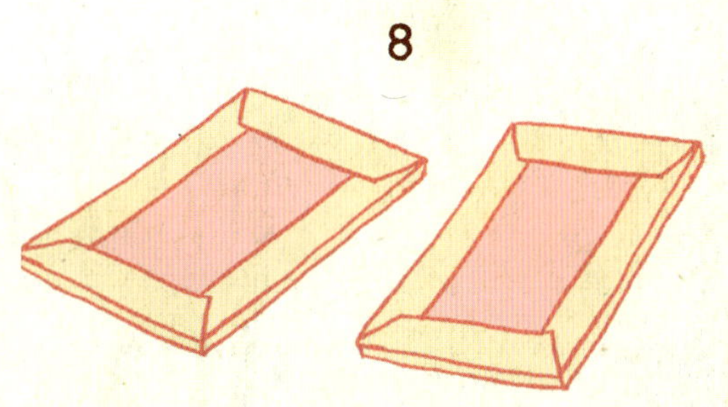

같은 방법으로 하나 더 만들어 커버를 2개를 준비한다.

9

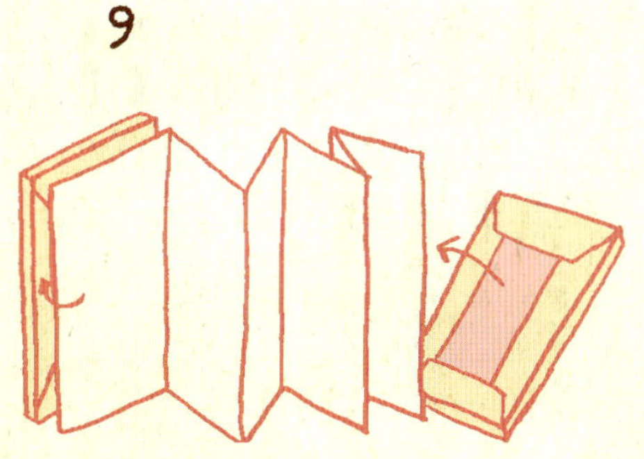

접어둔 내지 첫 장과 마지막 장에 풀칠을 하고, 준비한 커버를 중심에 맞춰 조심스럽게 붙인다. 풀칠한 커버와 내지가 잘 붙도록 두꺼운 책이나 잡지 등으로 일정 시간 눌러 준다.

10

내용을 담을 수 있는 아코디언북이 완성되었다.

project 4

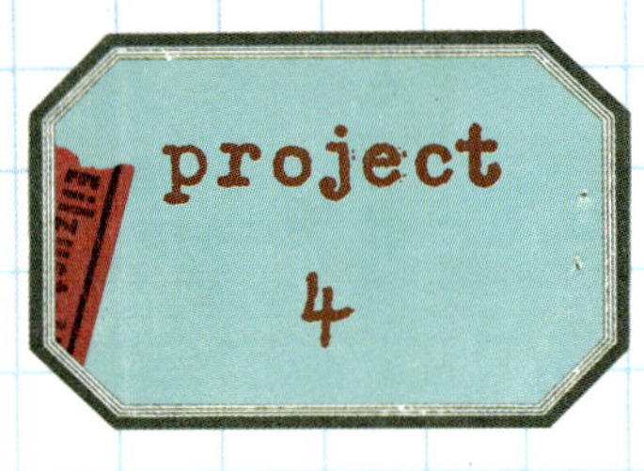

뉴욕의 가을 ◈ 콜라주 여행 스크랩북

낯선 장소로의 여행은 특별한 기억과 기념물을 남긴다. 여행지에서 찍은 사진, 비행기 티켓, 현지에서 사용한 영수증, 식품 포장지, 박물관 입장권. 작고 소소한 이 모든 것들이 콜라주의 훌륭한 재료가 된다. 소중한 기억과 추억을 담은 여행 스크랩북을 꾸며 보자.

준비물 ◆ 풀, 가위, 색연필, 종이테이프, 데코테이프, 무지 스크랩북(문구점이나 디자인 숍에서 판매하는 스크랩북이나 두꺼운 내지로 만들어진 스케치북, 공책 등).

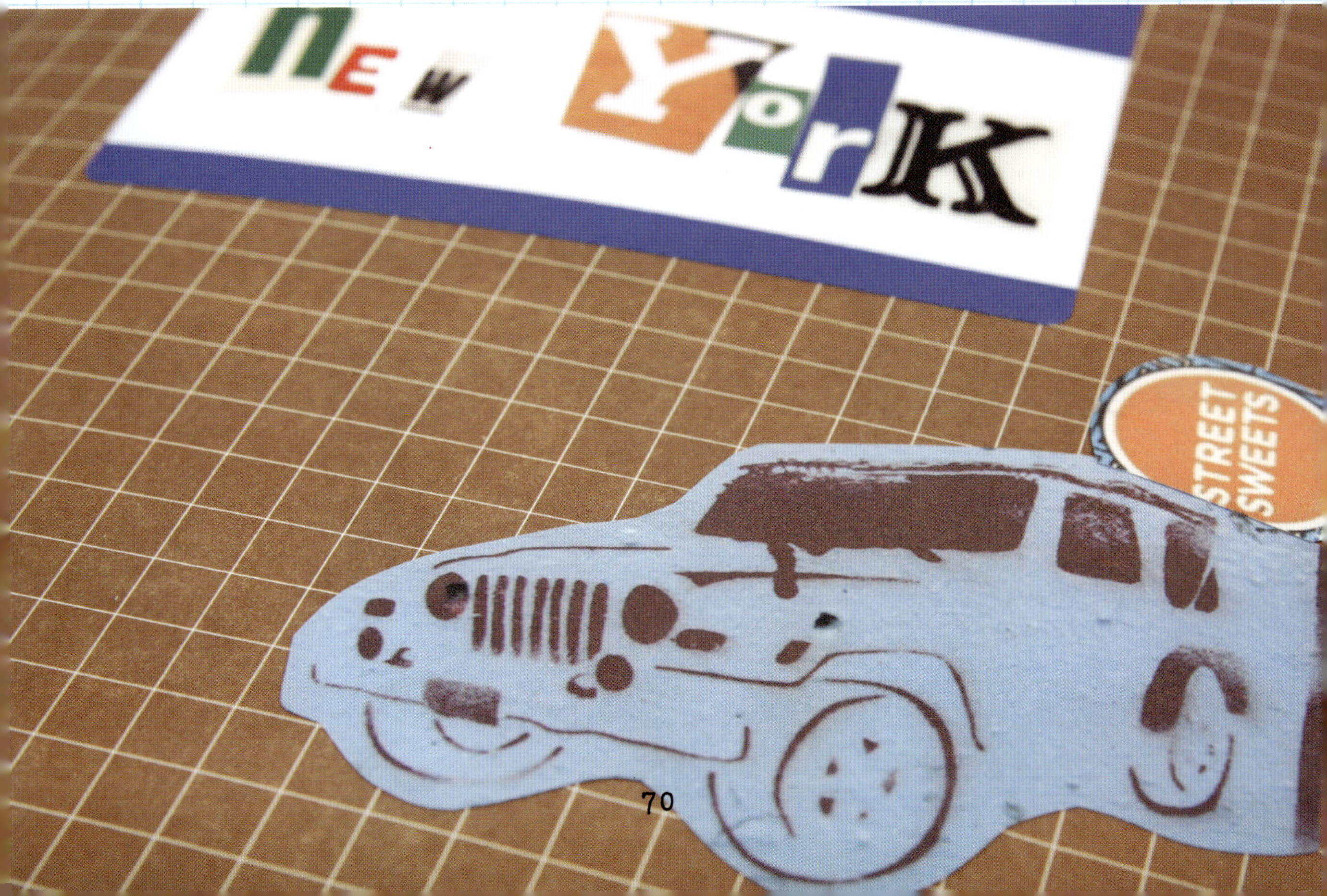

1

문구점이나 디자인 소품 숍에서 구할 수 있는 스크랩북과 풀, 가위, 종이테이프, 스티커, 색연필 등 콜라주 작업에 필요한 기본 재료들을 준비한다.

2

여행지에서 모아 온 각종 종이들도 함께 마련한다.

3

먼저 커버를 꾸며 보자. 여행지에서 사온 라벨테이프를 붙이고, 잡지나 포스터에서 잘라낸 알파벳을 콜라주하여 붙인다.

4

다이모를 이용해 이름을 찍어 붙인다.

5

속지를 꾸며 보자. 여행지에서 사용했던 지도를 데코테이프로 붙이고, 여백은 색연필로 글씨를 쓰거나 그림을 그려 꾸민다.

6

뉴욕 자유의 여신상이 담겨진 우표를 붙이고 해당 페이지를 마무리 한다.

7

다음 장에는 비행기 티켓과 짐을 붙일 때 받은 수화물 표 등을 붙여 꾸민다.

길에서 주은 종이, 명함, 우편 라벨 등을 이용해 다음 장을 콜라주한다.

9

페이지를 넘기고, 맥주 받침과 병에서 떼어낸 라벨, 뉴욕현대미술관 입장권 등으로 콜라주한다.

10

다음 장에는 뉴욕의 지하철 티켓, 주차권, 식당 명함과 스티커 등을 붙인다.

11

뉴욕에서 서울의 나에게 보낸 엽서와 박물관·우체국 등에서 가져온 브로슈어와 스티커 등을 붙여 페이지를 꾸민다.

12

여행지에서 마신 음료수에서 떼어낸 라벨과 초콜릿 봉지, 출판사 브로슈어에서 찢어낸 이미지 등으로 콜라주한다.

13

여행지의 추억을 떠올려 주는 사진을 모아 꾸며 보자. 찍은 사진을 인화하거나 집에서 프린트하여 콜라주한다.

14

거리풍경 사진을 여러 장 프린트하여 콜라주할 위치를 잡아 본다.

15

오려낸 각각의 사진들을 삐뚤빼뚤하게 붙여 시각적인 재미를 준다.

16

나머지 거리 사진들과 스쿨버스 사진 등을 오려 붙이고 페이지를 마무리한다.

17

뉴욕의 유명한 두 빌딩을 표현한 그림을 붙여 페이지를 꾸며 준다.

18

마지막 페이지에는 간판을 찍은 사진들을 프린트하여 콜라주한다.

완성된 여행 스크랩북.

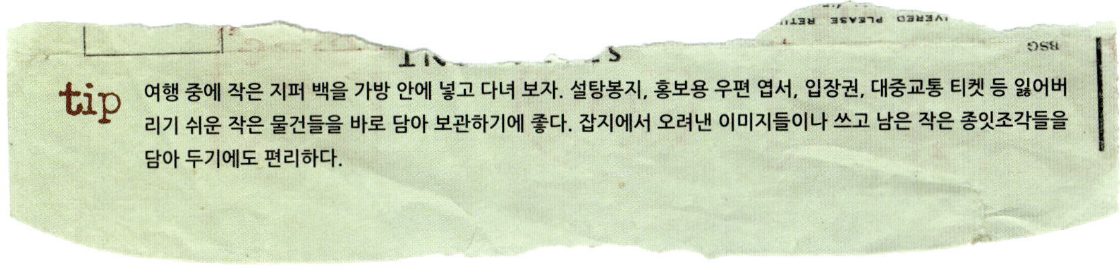

tip 여행 중에 작은 지퍼 백을 가방 안에 넣고 다녀 보자. 설탕봉지, 홍보용 우편 엽서, 입장권, 대중교통 티켓 등 잃어버리기 쉬운 작은 물건들을 바로 담아 보관하기에 좋다. 잡지에서 오려낸 이미지들이나 쓰고 남은 작은 종잇조각들을 담아 두기에도 편리하다.

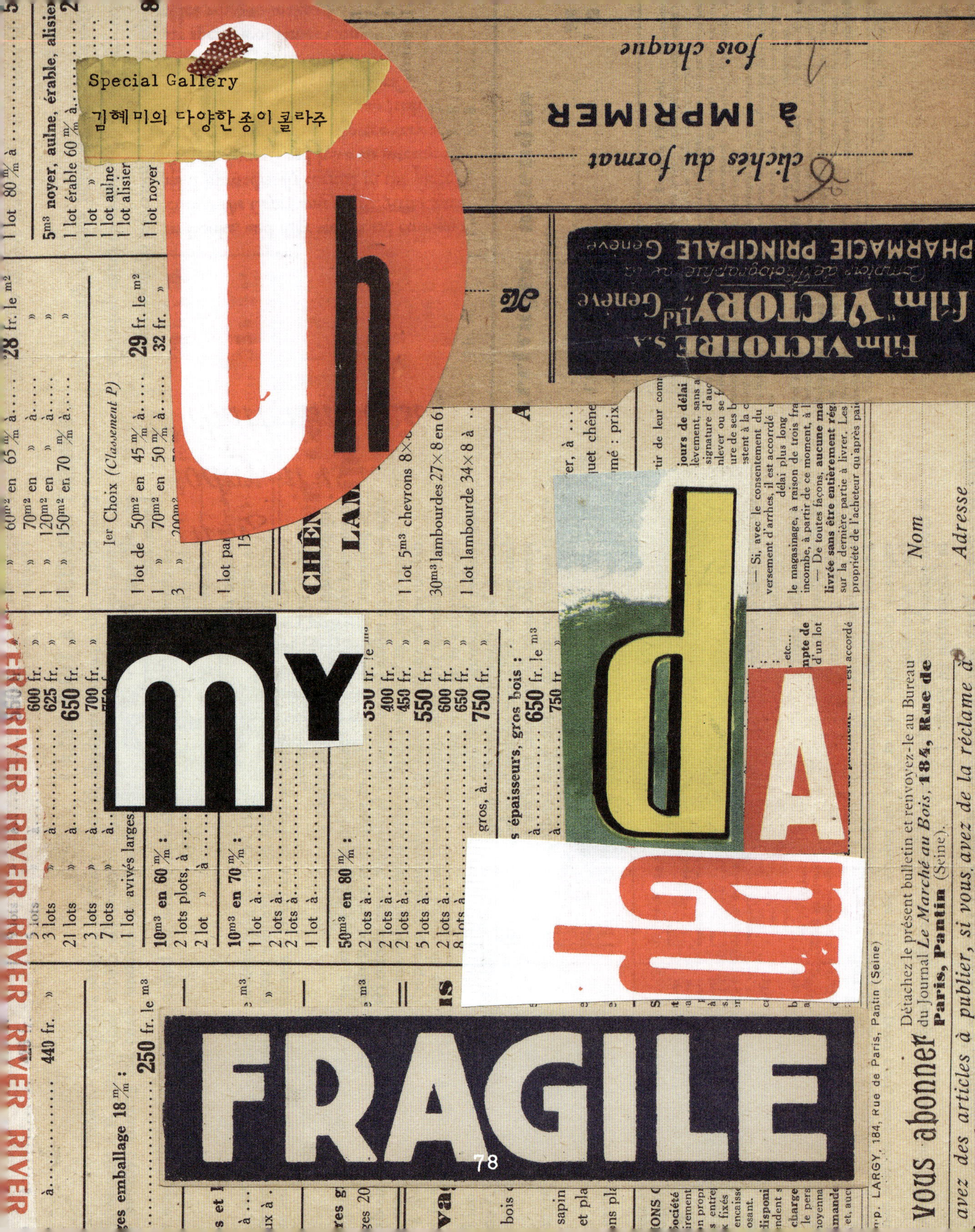
Oh
my
FRAGILE
à IMPRIMER
PHARMACIE PRINCIPALE Genève
Film VICTOIRE S.A.
RIVER RIVER RIVER RIVER

DUN
avec

Metropolitan
VACANCES

project
5

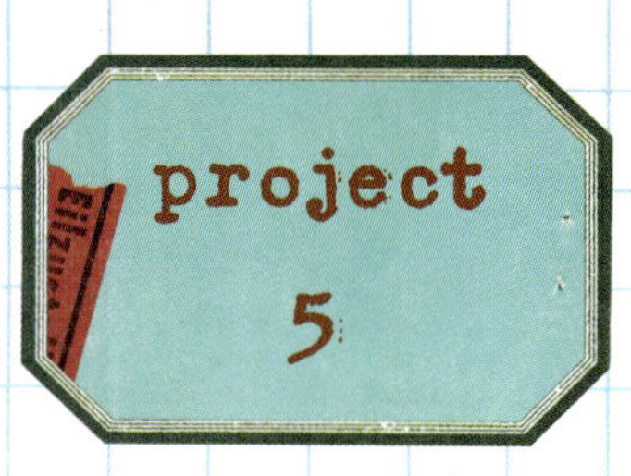

특별한 한 해를 위해 ◈ 콜라주 나무 달력

콜라주로 꾸민 달력을 만들어 보자. 종이 대신 나무에 직접 콜라주하여 받침대 위에 세워두면, 달력 기능은 물론 인테리어 소품으로도 손색이 없다. 일 년치 달력을 일일이 만드는 것이 귀찮게 느껴질지 몰라도 일단 만들어 놓고 나면, 매달 새로운 콜라주 작품들을 감상할 수 있는 즐거움이 있다.

준비물 ◆ 풀, 가위, 칼, 아크릴 물감, 붓, 공예용 나무 합판(문구점에서 구입 가능), 달력을 세울 받침대(인테리어 소품 가게에서 구입 가능), 종이테이프, 숫자 스탬프 등.

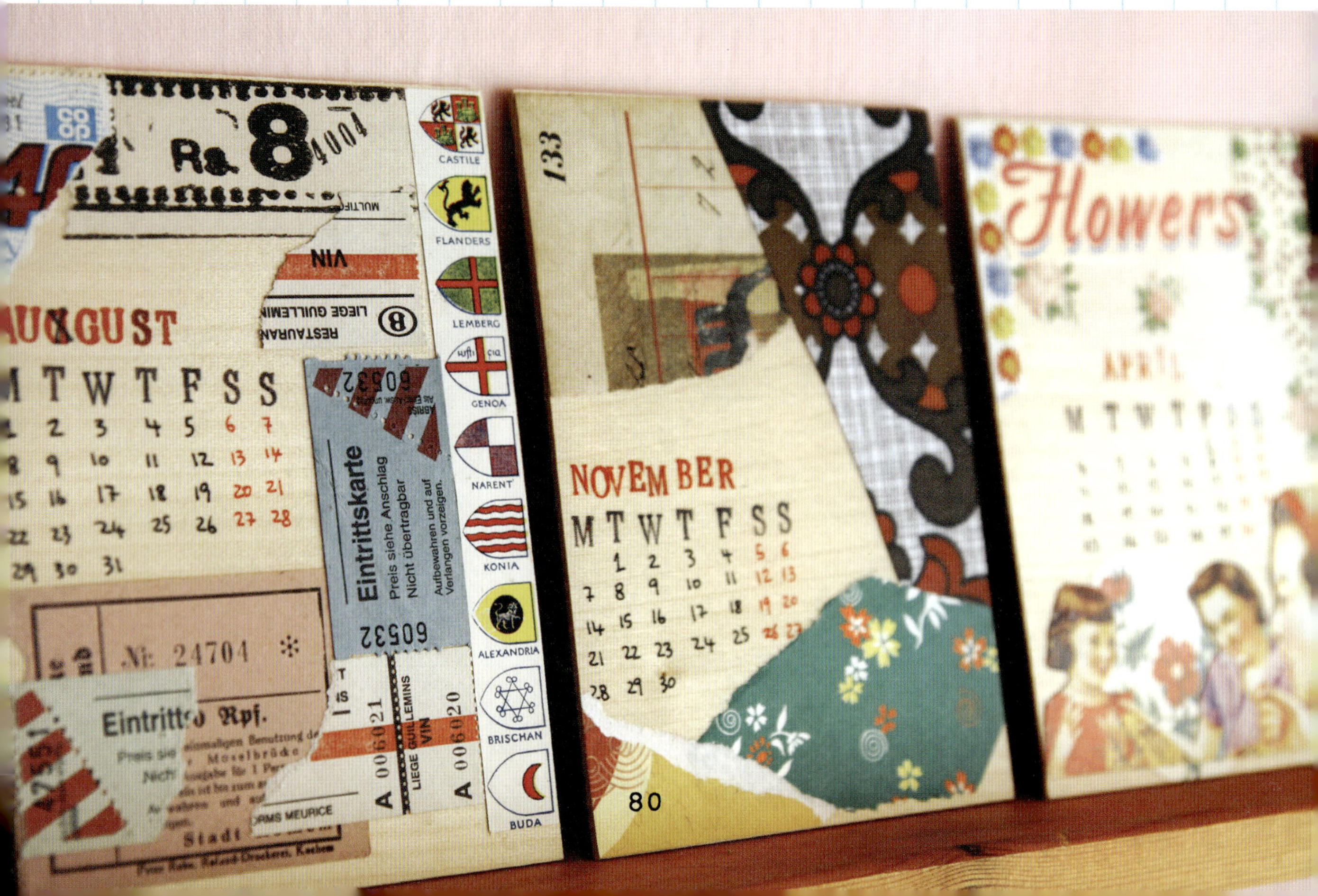

1

편지 봉투, 엽서, 주소 라벨, 우편 영수증 등에서 잘라낸 종잇조각들.

다양한 색과 크기의 헌 우표들.

잡지나 브로슈어 등에서 잘라낸 여러 가지 종잇조각들.

빈티지 티켓들.

열두 달 달력을 조금씩 다른 분위기로 콜라주하기 위해 다양한 종이 재료들을 준비한다.

2

풀, 가위, 칼, 나무 합판, 받침대, 아크릴 물감, 붓 등 기본 재료들을 준비한다.

3

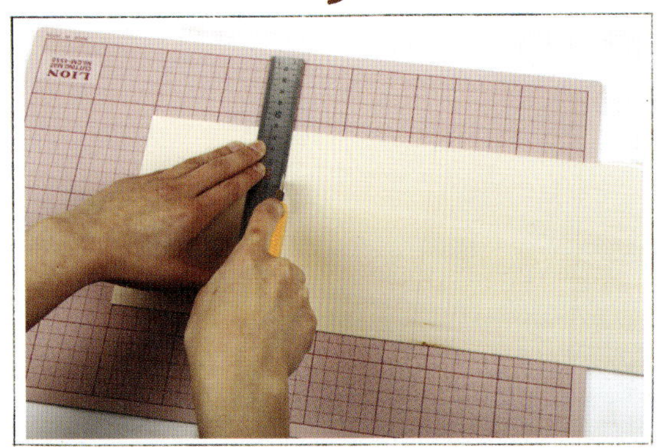

달력 바탕으로 쓸 공예용 나무 합판을 준비하고 원하는 크기로 잘라낸다. 자를 대고 여러 번 칼질하여 자른다.

4

알파벳 스탬프를 이용하여 적당한 위치에 달과 요일을 찍는다. 자투리 나무 판에 미리 찍어 보고 사용하는 것이 좋다.

5

적당한 펜을 골라 나무 판 위에 써 보고, 잘 써지는지를 확인한 후에 숫자를 적어 넣는다.

6

1월의 주제를 숫자 '1'로 잡아 보자. 잡지나 브로슈어, 신문 등에서 다양한 색과 크기의 '1'을 찾아내 자르고, 하나씩 붙여 나간다. 오른쪽 구석에는 박물관 티켓을 적당히 찢어 붙이고, 그 위에 숫자 1을 덧붙여 마무리한다.

7

2월을 위한 콜라주. 1월과 마찬가지로 스탬프와 볼펜을 사용해 1월과 다른 위치에 날짜를 적어 넣는다. 데코테이프와 미리 준비해 둔 다양한 무늬의 종이들을 이용해 위치를 잡아가며 콜라주해 나간다.

8

시중에서 판매하는 포장용 종이, 스크랩북용 종이 등으로 콜라주하고, 옛날 책에서 잘라낸 사람 이미지를 아랫부분에 붙여 마무리한다.

9

같은 방식으로 완성한 2월, 4월, 6월, 10월 달력. 4월과 10월은 계절의 특성에 맞춰 콜라주하였고, 6월은 편지 봉투, 우편 스티커 등 우편 용품을 이용하여 꾸며 주었다.

10

완성된 3월, 5월, 8월, 12월 달력. 3월은 헌 우표, 5월과 8월은 빈티지 티켓과 스티커를 이용하여 콜라주하고, 12월은 크리스마스의 분위기를 살려 꾸며 보았다.

11

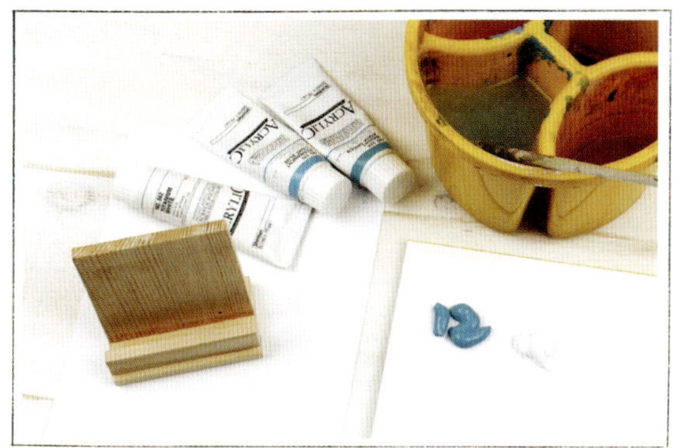

이제 완성한 달력을 세울 받침대를 만들어 보자. 나무 받침대, 아크릴 물감과 붓, 물을 준비한다.

12

하늘색과 흰색 물감을 적당히 섞어 민트색 물감을 만들고, 이를 나무 받침대에 얇고 꼼꼼하게 칠해 준다.

13

칠이 끝나면 잘 말려 둔다.

14

칠이 다 마르면, 받침대를 적당히 사포로 문지른다. 이렇게 해 주면, 낡고 오래된 빈티지풍의 느낌을 낼 수 있다.

15

사포로 문질러 완성한 받침대에 잡지에서 오려낸 숫자를 콜라주하여 해당 년도를 표시해 준다.

16

열두 달 나무 달력과 받침대가 완성되었다.

완성된 나무 달력.

tip 콜라주할 이미지는 주제에 따라 자료를 분류하여 모아 보자. 상업 광고, 영화, 인물, 먹거리, 패턴, 식물이나 동물, 패션 등 평소에 관심이 있거나 좋아하는 주제로 분류한 뒤, 문구점에서 판매하는 파일이나 종이 상자, 플라스틱 백 등에 넣어 보관하면 필요할 때 꺼내 쓰기 편리하다.

project 6

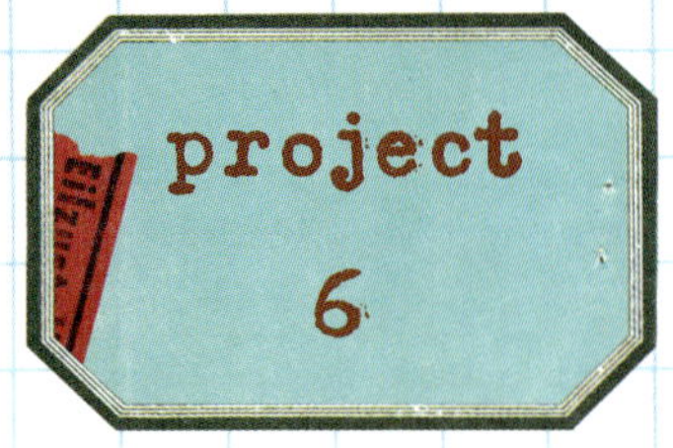

생활의 발견 ◈ 데코테이프로 콜라주한 생활소품

기본적인 색상의 종이테이프 말고도, 최근에는 문구점이나 디자인 소품 가게를 통해 수십 가지의 다양한 색과 무늬의 데코테이프들을 구입할 수 있다. 제법 튼튼하게 붙기 때문에 어디에나 콜라주할 수 있으며, 종류가 다양해 꾸미기 재료로 활용도가 높다. 데코테이프로 빈 병과 나무 상자에 콜라주하여 간단하면서도 감각있는 생활소품들을 만들어 보자.

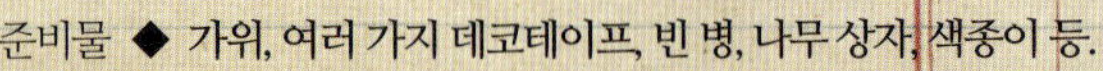

준비물 ◆ 가위, 여러 가지 데코테이프, 빈 병, 나무 상자, 색종이 등.

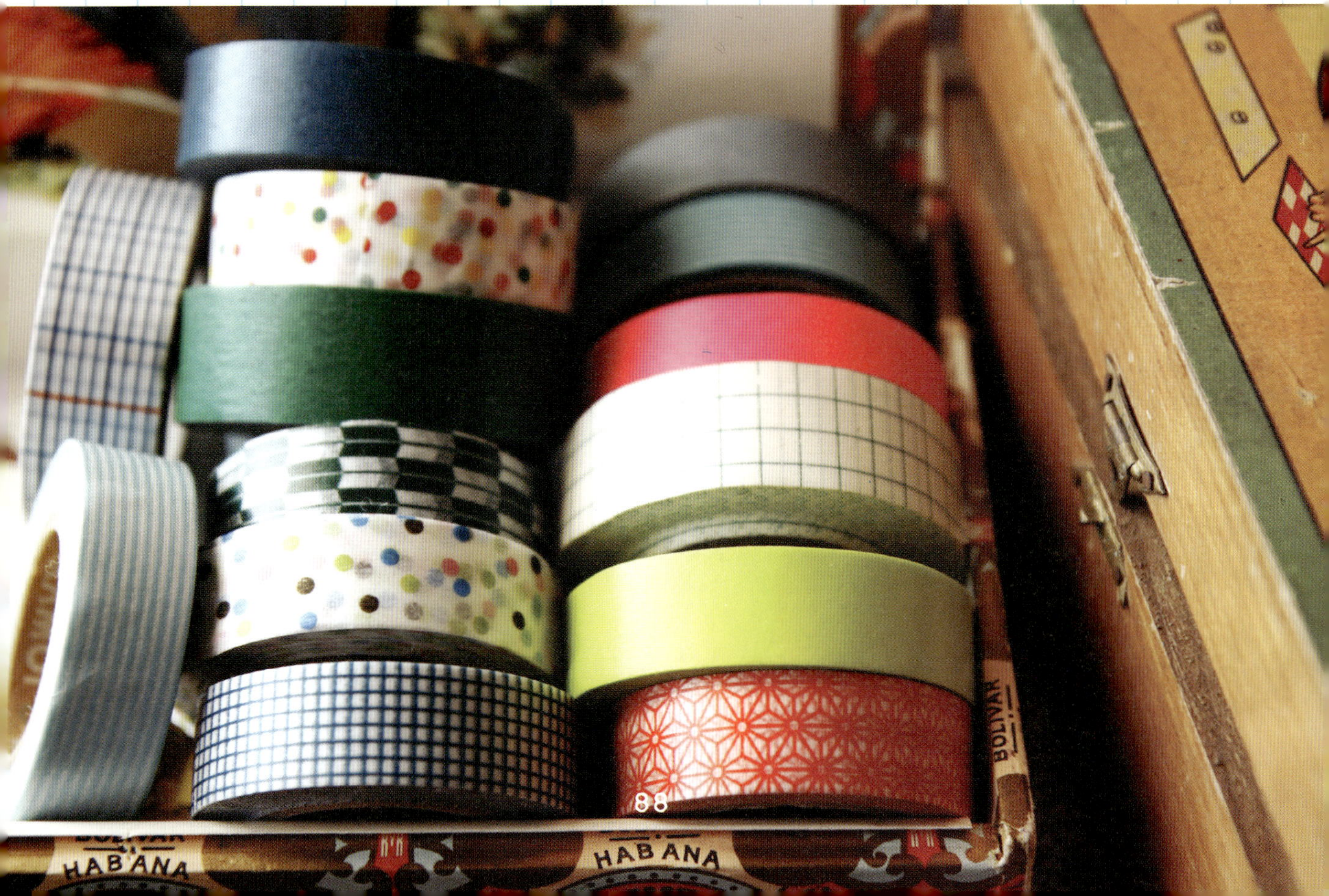

연필꽂이 만들기

1

다양한 모양과 색의 데코테이프와 다 마신 음료 병을 잘 씻어서 말려 준비한다.

2

굴곡이 덜한 병 아래쪽을 도트 모양의 테이프로 감아 붙인다.

3

꽃 모양의 테이프를 위에서 아래로 붙여 준다.

4

앞에 사용한 것과 다른 패턴을 골라 도트 모양 테이프 위쪽에 감아 붙인다.

5

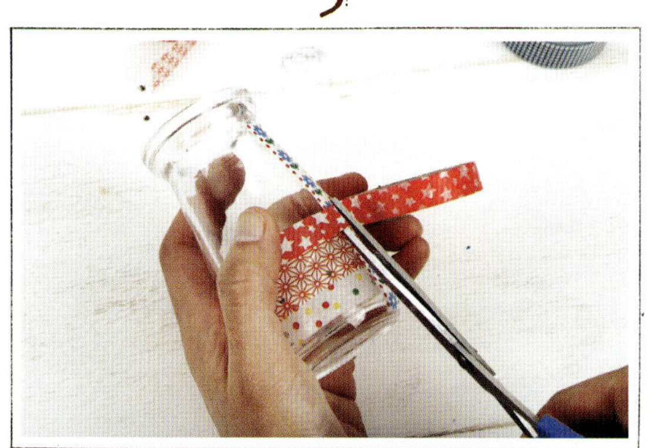

좁은 너비의 별 모양 테이프를 한 번 더 감아 붙여 준다.

6

헌 우표 한 장을 알맞은 크기로 잘라 적당한 위치에 붙여 완성한다.

꽃병 만들기

1

빈 병과 여러 가지 데코테이프들을 준비한다.

2

녹색 테이프를 손으로 찢어 줄기 모양과 잎 모양을 만들어 붙인다.

3

빨간색 테이프를 골라 작은 조각들로 찢어 붙인다.

4

여러 조각들을 자연스럽게 찢어 붙여 꽃 모양으로 만든다.

5

파란색 줄무늬 테이프를 찢어 꽃잎 한가운데에 붙인다.

6

완성된 작은 꽃병.

티백 상자꾸미기

1

문구점이나 생활용품을 파는 다이소 등에서 나무 상자를 구하여 준비하고, 다양한 무늬의 색종이들도 함께 준비한다.

2

먼저 상자 안쪽 바닥 면에 원하는 종이를 붙인다.

3

상자 위 테두리 부분을 데코테이프로 붙여 준다.

4

다른 데코테이프를 섞어 사용하여 다양한 테두리를 만든다.

5

상자의 한 면에 패턴이 있는 색종이를 붙인다.

6

다른 면에는 한지를 자연스럽게 찢어 붙인다.

7

녹색의 데코테이프와 대비되는 붉은 색 종이를 붙이고, 그 위에 반투명 데코테이프를 덧붙인다.

8

한지를 붙인 쪽에도 격자무늬의 데코테이프를 덧붙여 꾸며 준다.

9

손으로 찢어낸 자연스런 느낌을 살려 빈 곳에 콜라주하고 마무리한다.

완성된 생활소품.

tip 색과 패턴이 있는 종이로 콜라주할 경우, 어떻게 조합할 것인지를 미리 구상하여 실행하는 것이 좋다. 이왕이면 서로 대비되는 색이나 다양한 무늬의 재료들을 사용해 시각적으로 재미있는 작품을 만들도록 한다. 물론 유사색이나 비슷한 패턴으로도 좋은 효과를 낼 수 있다. 다양한 표현을 통해 좋은 색감과 구성에 대한 감각을 키우도록 하자.

project 7

종이 상자가 좋아 ◈ 콜라주 리폼 박스

종이 상자 만큼 주변에서 쉽게 구할 수 있는 것이 또 있을까? 과자 상자에서부터 신발 상자, 비누 상자, 피자 배달 상자 등에 이르기까지 종이 상자는 그 종류가 무척이나 다양하다. 비교적 튼튼하여 보관함이나 수납함 등으로도 활용도가 높다. 이러한 상자들을 그대로 쓰기보다 콜라주하여 사용하면 보기에도 근사한 상자가 될 것이다.

준비물 ◆ 풀, 가위, 자, 데코테이프, 다양한 종이, 여러 가지 크기의 종이 상자들 등.

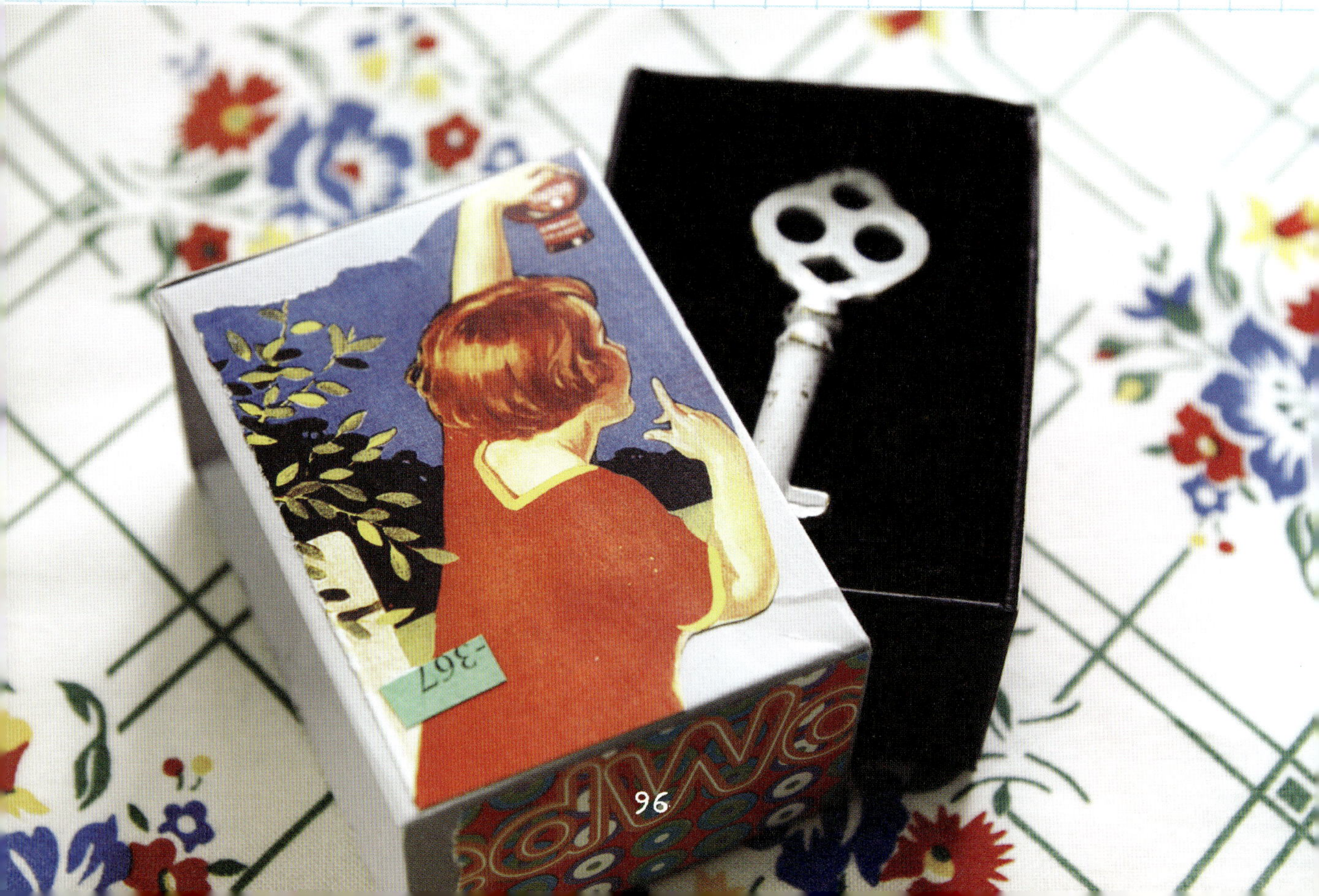

상자 꾸미기 하나

1

생활 주변에서 재활용 가능한 종이 상자들을 모아 본다.

2

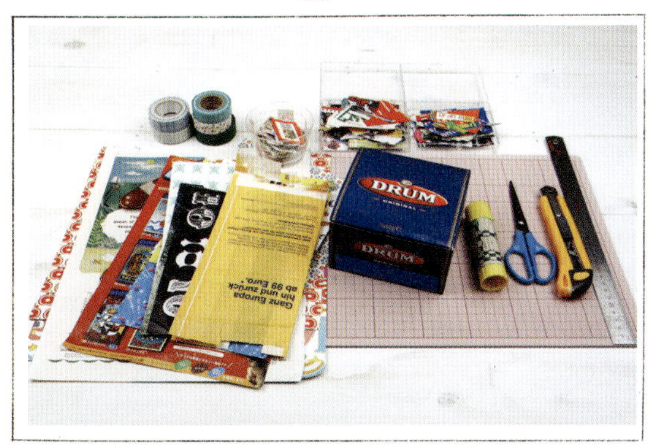

상자와 콜라주할 종이들, 데코테이프와 풀, 가위 등을 준비한다. 입체 상자를 꾸밀 것이므로 사용할 종이들은 얇을수록 좋다.

3

얇은 종이 봉투를 골라 상자 크기에 맞게 자른다.

4

박스 뚜껑 부분을 콜라주한 후, 상자 옆면도 꾸며 준다. 먼저 큰 종이를 붙이고 작은 종잇조각들을 덧붙여 나간다.

5

콜라주할 작은 종잇조각들을 더 골라 커버 부분에 덧붙이고 마무리한다.

6

콜라주로 꾸민 종이 상자가 완성되었다.

상자 꾸미기 둘

1

콜라주할 작은 상자와 재료들을 준비한다.

2

적당한 크기의 종이를 골라 크기에 맞게 자른 후, 상자 뚜껑에 붙인다.

3

뚜껑 안쪽으로 접혀 들어가도록 붙인다.

4

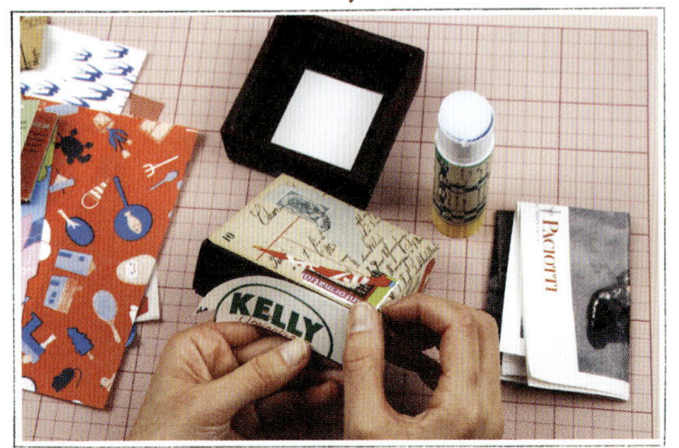

뚜껑 윗면을 편지 봉투에서 떼어낸 우표와 작은 종잇조각들로 콜라주하고, 뚜껑의 옆면도 잡지에서 오려낸 종이로 꾸며 준다.

5

나머지 옆면들도 준비한 종이들을 이용해 콜라주한다.

6

상자 안쪽을 뚜껑과 같은 빈티지 종이로 붙이고, 우표·숫자·알파벳 등으로 꾸며 완성한다.

완성된 여러 가지 콜라주 상자들.

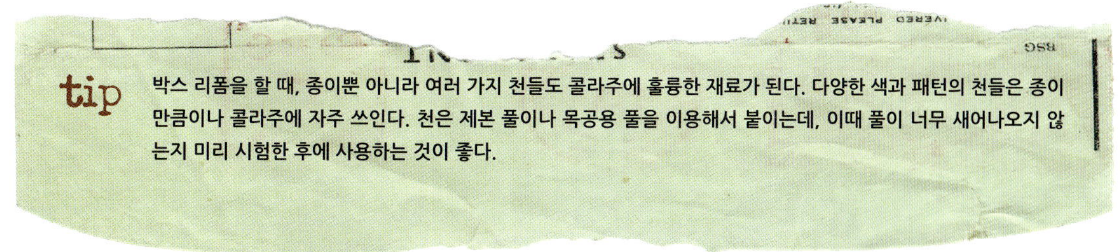

tip 박스 리폼을 할 때, 종이뿐 아니라 여러 가지 천들도 콜라주에 훌륭한 재료가 된다. 다양한 색과 패턴의 천들은 종이만큼이나 콜라주에 자주 쓰인다. 천은 제본 풀이나 목공용 풀을 이용해서 붙이는데, 이때 풀이 너무 새어나오지 않는지 미리 시험한 후에 사용하는 것이 좋다.

Special Gallery

김혜미의 음식 포장지 스크랩

Westcliff
GRÜNER TEE
Zitrone
Inhalt: 1,75 g
伊藤園
お茶
Black Tea
Té Negro
紅茶
ENGLISH BREAKFAST
EARL GREY
ORIGINAL
PG
Tips

früchtegummi design
der shop
230g e
Gutenberg-Druckerei
55128 Mainz-Bretzenheim
Hans-Böckler-Straße 105
6.–
2.–
7.50
7.50
23.00
Ihr Druckpartner mit Tradition und Fortschritt
granini
Apfel
€1 OFF
NEW PRICE
REDUCED TO CLEAR

Pepper
Salt
PEPPER
SALT
O'Briens
gem
Pepper
gem
Salt
Lufthansa
KLM
pepper

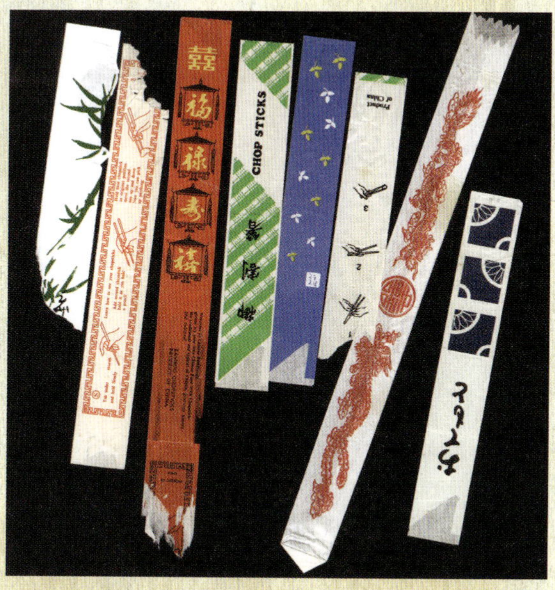
CHOP STICKS

project 8

하루하루의 기록 ◈ 콜라주 다이어리

간단한 제본 방법으로 나만의 다이어리를 만들어 보자. 튼튼한 박스 종이와 포장용 테이프를 이용하여 다이어리 커버를 만들고, 다이어리 속지는 콜라주 작업으로 꾸며 보자. 속지는 콜라주한 후 필요한 만큼 복사해서 사용하면 좋다.

준비물 ◆ A4 용지, 칼, 자, 가위, 펜, 골판지나 두꺼운 상자, 실, 바늘, 송곳, 본 폴더, 포장용 테이프, 스티커, 스탬프 등.

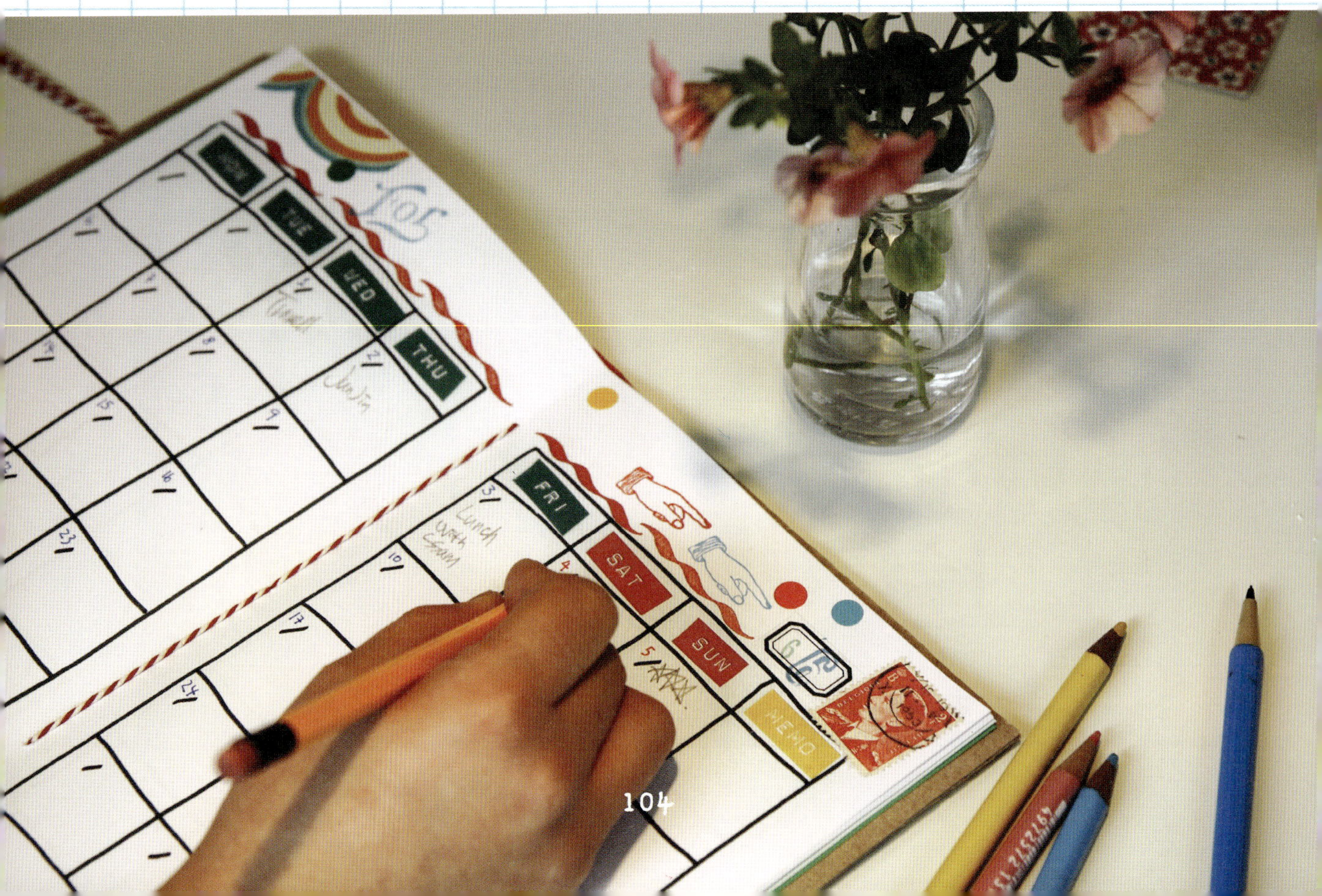

1

먼저 다이어리 속지를 만들자. 준비한 A4 용지의 가운데에 연필로 선을 긋는다.

2

반으로 그은 선을 기준으로 양쪽 페이지에 달력 표를 그려 넣는다(기존의 다이어리를 참고한다). 자를 대고 정확하게 그릴 수도 있지만, 손맛을 살기기 위해 자를 대지 않고 그린다.

3

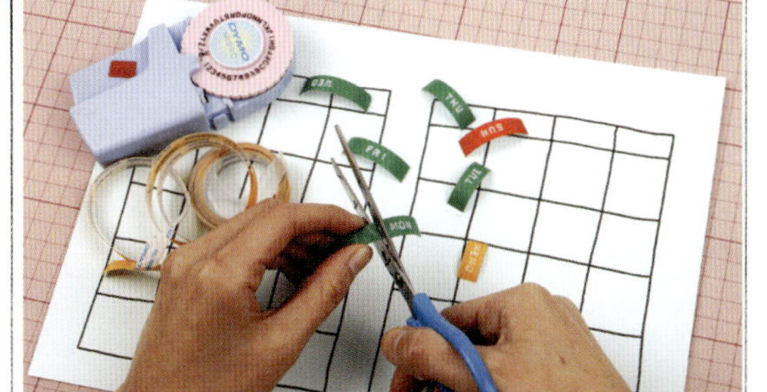

다이모를 이용해 월요일부터 일요일까지 요일들을 찍고, 알맞은 크기로 자른다.

4

작업한 요일들을 해당 칸에 붙이고, 월을 표시할 스티커를 오른쪽 상단에 함께 붙여 준다.

5

모양 스탬프를 이용하여 표 가장자리를 꾸며 준다.

6

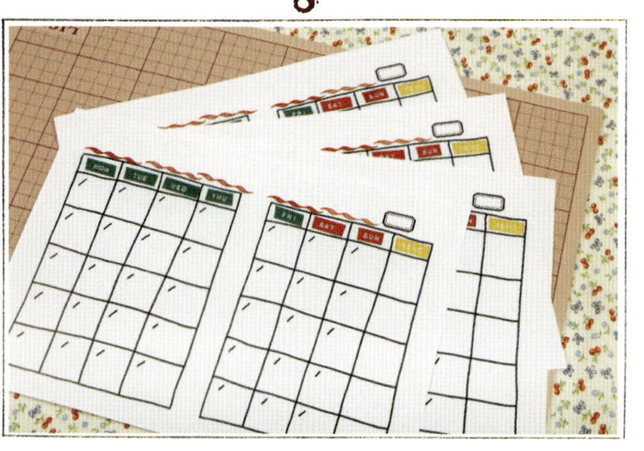

펜으로 날짜를 적을 작은 칸을 그려 넣고, 완성된 속지를 양면 컬러 복사하여 필요한 양만큼 준비해 둔다. 한 장은 단면 복사하여 첫 번째 페이지로 사용한다.

7

컬러 복사한 다이어리 속지들을 정리하여 반으로 접는다. 폴더를 이용해 눌러 접어 준다.

8

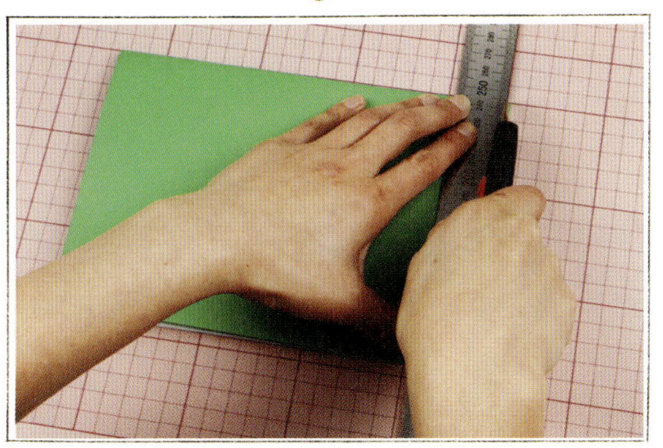

약간 두꺼운 색지로 한 페이지를 더 만들어 함께 접고, 가장자리는 깔끔하게 자른다.

9

다이어리 속지가 완성되었다.

10

이제 커버를 만들자. 앞뒤 커버로 쓸 두꺼운 박스 종이를 속지 크기에 맞게 잘라 준비하고, 포장용 박스테이프도 함께 준비한다.

11

박스테이프를 사진처럼 펼쳐 놓고, 그 위에 준비한 커버 종이를 뒷면이 위로 올라오도록 하여 붙인다. 이때 커버 간 간격은 약 1.5cm 정도로 한다.

12

테이프를 사진과 같이 한 바퀴 돌려 감싸 붙이고, 본 폴더로 꼼꼼히 문질러 준다.

13

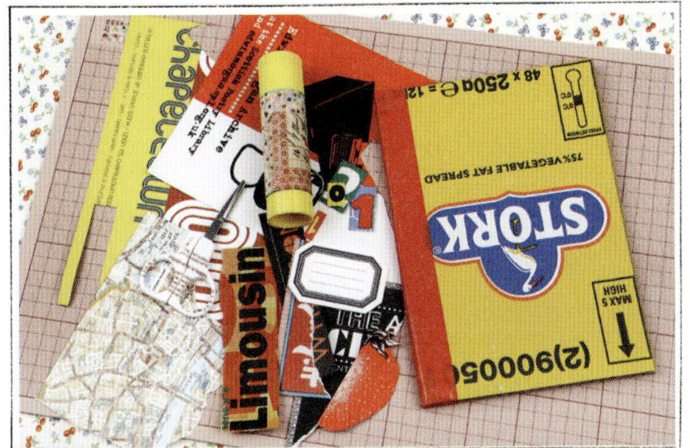

완성된 다이어리 커버를 콜라주로 꾸며 보자. 잡지나 브로슈어에서 오려낸 종이, 지도, 스티커 등을 준비한다.

14

준비한 종이들을 가위로 자르거나 손으로 찢어 원하는 위치에 붙인다.

15

이름이나 타이틀을 적을 수 있는 라벨 스티커를 붙인다.

16

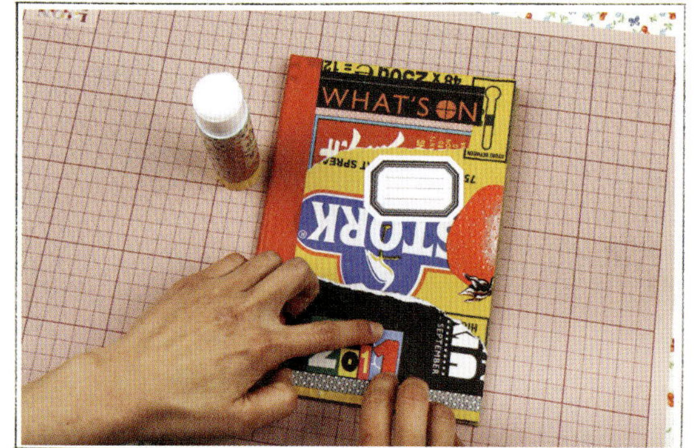

연도를 표시해 줄 숫자를 잡지에서 오려내 붙인다. 서로 다른 크기와 색깔의 숫자를 골라 시각적인 재미를 준다.

17

커버가 완성되었다. 미리 만들어둔 속지의 첫 페이지에도 스티커를 붙여 간단하게 콜라주해 준다.

18

이제 속지와 커버를 연결해 보자. 사진과 같이 다이어리 속지를 커버 안쪽에 넣어 중심을 맞춘다.

19

실, 바늘, 송곳 등 제본을 위한 재료를 준비한다.

커버와 속지를 집게로 집어 움직이지 않게끔 고정시킨 후, 미리 표시해 둔 위치에 송곳으로 세 개의 구멍을 뚫는다 (p.114-115 쓰리 홀 바인딩 참조).

바늘에 실을 끼워 사진과 같이 가운데 구멍에 바늘을 끼워 넣는다. 이때 나중에 매듭을 지을 수 있도록 여분의 실을 넉넉하게 남겨 놓는다.

22

안쪽으로 나온 바늘을 다른 옆 구멍에 넣어 바깥쪽으로 빼낸다.

23

바깥쪽으로 나온 바늘을 반대쪽 끝에 위치한 나머지 구멍으로 끼워 넣는다.

24

안쪽으로 나온 바늘을 다시 가운데 구멍으로 빼낸다. 빠져나온 두 실을 단단하게 잡아당겨 매듭을 짓고 완성한다.

완성된 다이어리.

콜라주로 꾸며 만든 여러 노트 커버들.

쓰리 홀 바인딩 다이어리 만들기

내지를 준비한다.

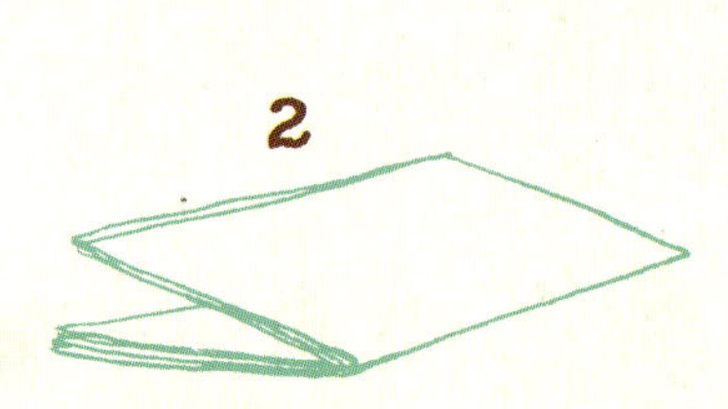

내지를 반으로 접는다.

본 폴더를 이용해 잘 눌러 준다.

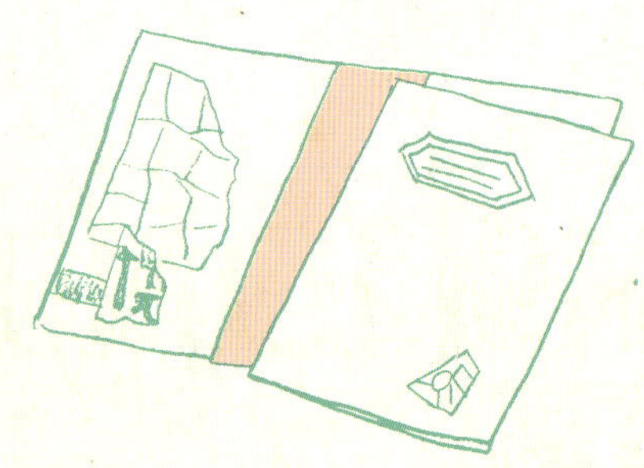

잘 접어 누른 내지를 박스테이프로 이어 붙여 만든 커버 중간에 위치시킨다.

내지와 커버를 집게로 집어 고정시키고, 송곳으로 그림과 같이 세 개의 구멍을 뚫어 준다.

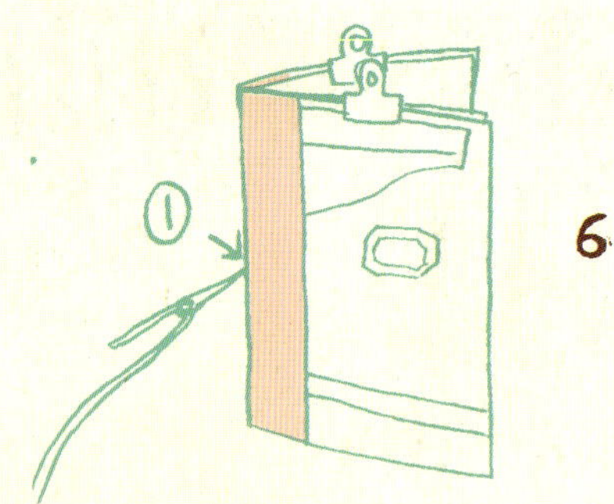

바늘을 가운데 구멍에 끼워 바깥에서 안쪽으로 바느질한다. 이때 매듭지을 여분의 실을 충분히 남겨 준다.

안쪽으로 나온 바늘을 옆 구멍에 넣어 빼낸다.

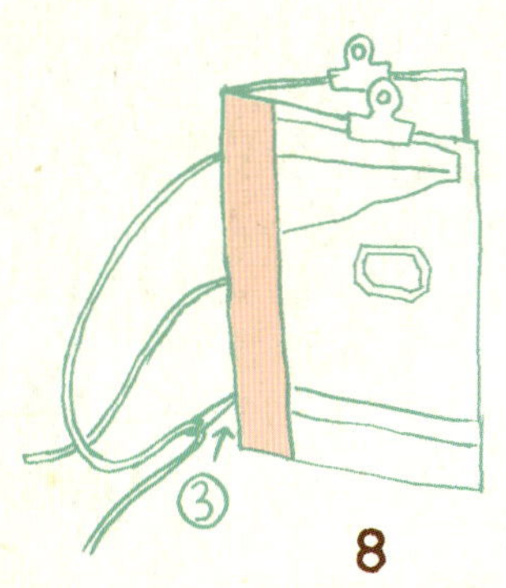

8

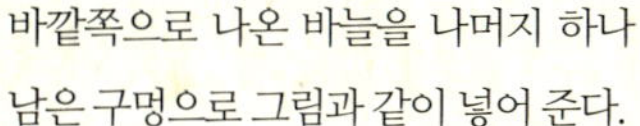

바깥쪽으로 나온 바늘을 나머지 하나 남은 구멍으로 그림과 같이 넣어 준다.

9

안쪽으로 들어온 바늘을 다시 가운데 구멍으로 넣어 빼낸다.

10

바늘이 가운데 구멍으로 나와 있다.

11

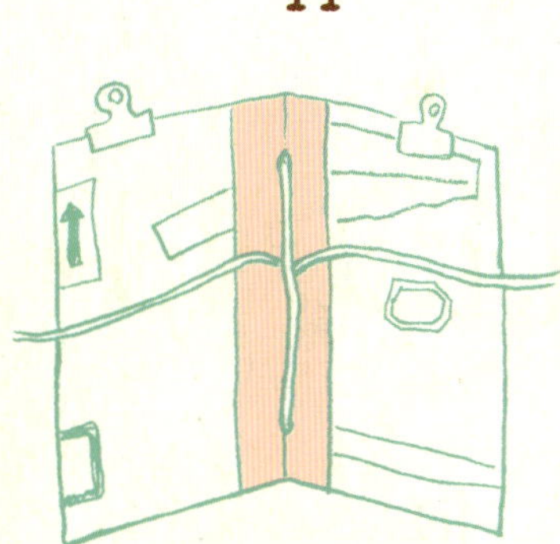

빠져 나와 있는 양 실을 팽팽하게 당긴다.

12

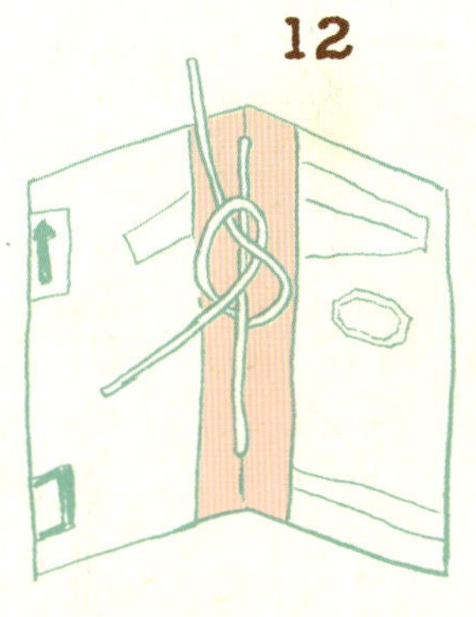

그림과 같이 매듭을 지은 후, 원하는 길이의 실만 남기고 자른다.

13

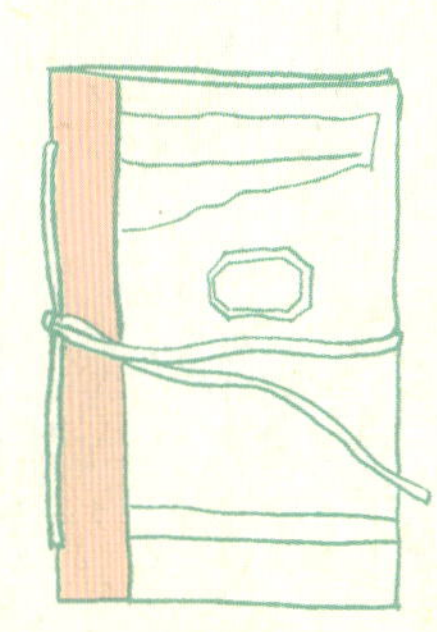

실의 여분을 길게 주면, 그림처럼 한 번 둘러 묶을 수 있다.

이 파트를 마치며...

새로운 시도를 두려워하지 말자. 콜라주는 의외성이 많을수록 재미있다. 남들과 다른 아이디어, 자유로운 발상, 특별한 재료의 선택, 조금은 엉뚱한 구성과 조합 등이 색다른 콜라주 작품을 탄생시킨다. 이제까지 소개한 몇 가지 연습 과정을 여러 번 반복하여 기본기를 다지고, 구도와 색감에 대한 감각을 익혀 보자. 시간이 흐를수록 완성도 높은 콜라주 작품들을 만들 수 있을 것이다. 무엇보다 콜라주는 쉽고 재미있게 즐기면서 하는 작업임을 잊지 말자.

by 김혜미

미술 기법을 이용한 입체 콜라주

'파트 3-콜라주 둘'에서는 깊이감 있는 효과를 내기에 좋은 여러 미술 기법들과 미술 용품들을 소개한다. 독특한 아이디어와 다양한 재료들을 이용한 입체 콜라주로 특별한 장식품이나 선물하기에도 좋은 색다른 인테리어 소품들을 만들어 보자.

by 서효정

Part 3
콜라주 둘

1/3¢
15
FREE PARKING
GERMANY

미술 기법 익히기

콜라주를 위한 다채로운 배경을 만들기 위해
물감을 찍고, 뿌리고, 닦아내는
단순한 기법에서부터
도구를 활용하여 이미지를 떠내는
전사 기법, 스텐실 기법 등에 이르기까지
다양한 미술 기법들을 배워 본다.

뿌리기

준비물 ◆ 두꺼운 종이나 캔버스 천, 아크릴 물감, 칫솔, 붓, 물통, 종이컵 혹은 팔레트, 드라이기.

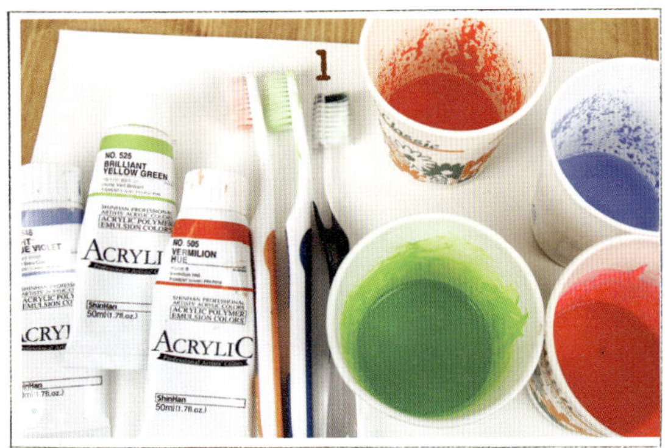

물감을 뿌릴 캔버스 천이나 종이를 준비하고, 아크릴 물감은 잘 뿌려지도록 물의 농도를 적절히 맞춰서 준비한다(물감을 뿌리면 종이가 마르면서 수축되므로 되도록 두꺼운 종이를 쓰는 것이 좋다).

칫솔에 물감을 묻혀서 색을 털어내듯 뿌려 준다. 다음 색을 뿌릴 때에는 먼저 뿌린 색이 완전히 마른 뒤에 뿌려야 색이 섞이지 않고 맑게 된다.

손가락으로 솔 부분을 튕겨 주면 고운 입자를 얻을 수 있다.

넓은 붓으로 바탕에 물을 칠하고 색을 뿌려 주면 자연스러운 번짐 효과를 줄 수 있다.

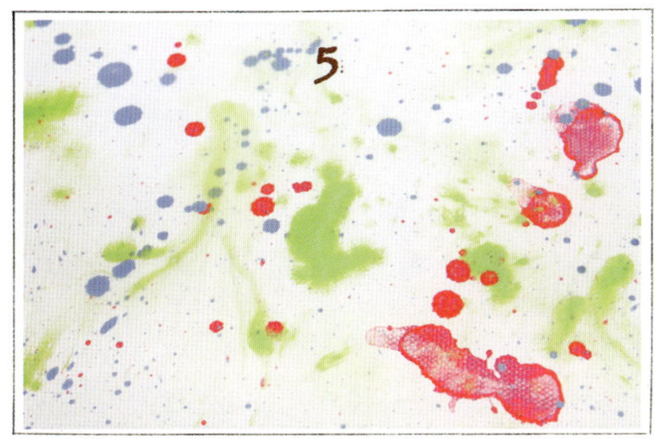

다양한 뿌리기 방법으로 완성한 모습.

완성된 배경으로 만든 콜라주 작품.

찍어내기

준비물 ◆ 두꺼운 종이나 캔버스 천, 아크릴 물감, 붓, 팔레트, 종이컵, 찍을 수 있는 다양한 도구, 롤러.

물감을 찍어낼 여러 가지 재료들을 준비한다.

팔레트에 원하는 색상의 아크릴 물감을 넓게 풀어 놓고, 찍어낼 재료를 준비한다.

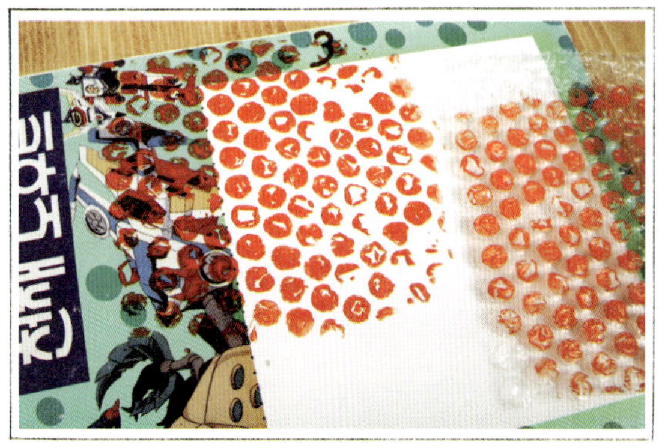

올록볼록한 포장 재료에 물감을 묻히고, 종이 위에 눌러 찍어낸다.

다른 색 아크릴 물감과 찍어낼 다른 재료를 준비한다.

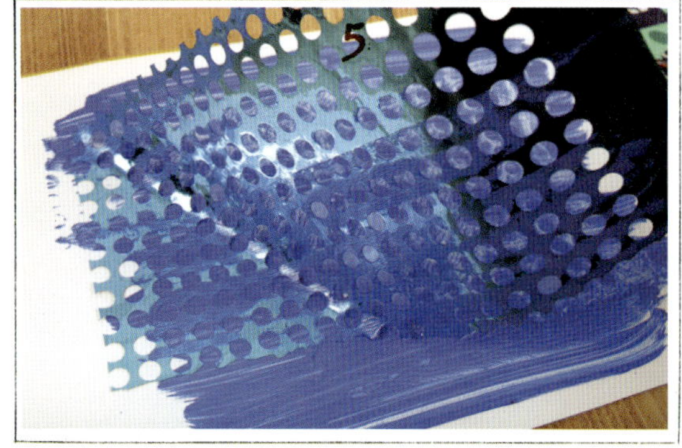

도트 모양의 구멍이 뚫린 종이 재료에 준비된 물감을 묻힌다.

두께가 얇은 재료는 롤러를 이용해 문질러 주면 색이 골고루 묻어 나오게 된다.

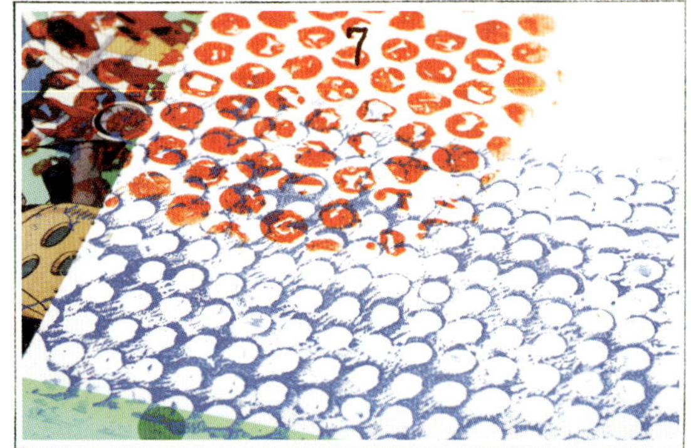

무늬가 찍힌 모습.

사용하지 않은 다른 색의 물감을 골라 팔레트에 풀고, 컵의 밑받침으로 찍어 보자.

각각 다른 종이컵에 다른 색들을 찍어 다양한 색의 원들을 찍어낸다.

병 뚜껑이나 그 밖에 다른 도구들에도 물감을 묻혀 다양하게 찍어낸다.

완성된 모습.

닦아내기

준비물 ◆ 두꺼운 종이나 나무 또는 캔버스 천, 아크릴 물감, 색연필, 연필, 팔레트, 붓, 헝겊.

아크릴 물감으로 나무 바탕을 골고루 칠한다(색이 진한 바탕일 경우 젯소를 먼저 칠한 후 아크릴 물감을 칠하도록 한다).

2

물감이 마르면 그 위에 색연필과 연필로 원하는 그림을 그린다.

그림 위에 아크릴 물감을 연하게 펴 바른다. 이때 물감의 농도가 묽고 밝은 색이어야 그림이 자연스럽고 은은하게 드러난다.

헝겊을 이용해 물감을 부분적으로 닦아낸다. 물감이 마른 후, 2-4의 과정을 여러 번 반복해 주면 자연스러운 바탕을 얻을 수 있다.

완성된 배경으로 만든 콜라주 작품.

수채화 물감을 이용한 배틱 기법

준비물 ◆ 도화지, 수채화 물감, 유성 크레파스, 붓, 팔레트, 종이컵.

다양한 색깔의 유성 크레파스로 도화지에 밑그림을 그린다.

여백 없이 이미지를 가득 채워 그리는 것이 더 효과적이다.

종이컵에 각각의 수채화 물감을 풀어 준비한다.

밑그림 위에 수채화 물감을 칠한다. 그림 부분에는 물감이 묻지 않고 여백만 채색이 된다.

과정을 반복하여 다양한 색지를 만들 수 있다.

박스테이프를 이용한 전사 기법

준비물 ◆ 흑백으로 복사한 이미지 또는 흑백 레이저 출력 이미지, 투명 박스테이프, 폴더, 물을 담을 넓은 그릇.

흑백 복사한 이미지들과 재료들을 준비한다.

이미지 위에 투명 박스테이프를 붙인다.

폴더를 이용해 잘 문지른다.

물을 담은 트레이에 테이프를 붙인 면이 위로 오게 하여 작업한 이미지를 담근다.

종이가 뜨지 않도록 무거운 것으로 눌러 주고, 물에 종이가 완전히 흡수될 때까지 그대로 둔다.

물에서 종이를 꺼낸 후, 종이 면을 손가락으로 살살 문질러 종이를 벗겨낸다.

흑백의 이미지가 테이프에 전사되었다.

박스테이프에 전사한 이미지를 이용하여 만든 콜라주 작품.

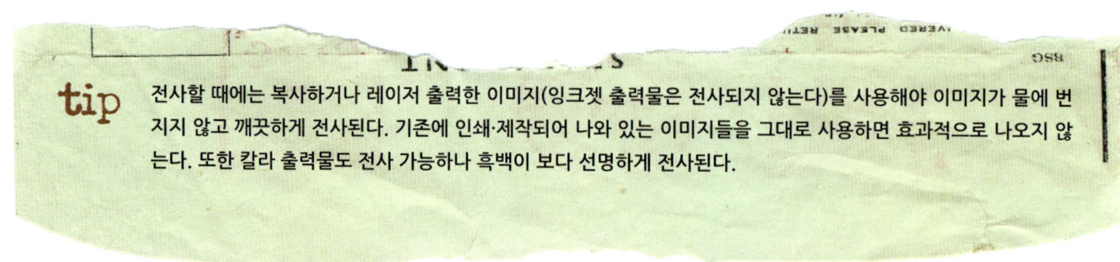

tip 전사할 때에는 복사하거나 레이저 출력한 이미지(잉크젯 출력물은 전사되지 않는다)를 사용해야 이미지가 물에 번지지 않고 깨끗하게 전사된다. 기존에 인쇄·제작되어 나와 있는 이미지들을 그대로 사용하면 효과적으로 나오지 않는다. 또한 칼라 출력물도 전사 가능하나 흑백이 보다 선명하게 전사된다.

겔 미디엄을 이용한 전사 기법

준비물 ◆ 겔 미디엄, 흑백 복사 이미지 또는 흑백 레이저 출력 이미지, 붓, OHP필름이나 아크릴 판, 종이테이프, 분무기.

두께가 있는 OHP필름이나 아크릴 판 위에 흑백으로 복사한 이미지를 올려 놓고, 가장자리를 테이프로 붙여 고정시킨다. 그래야 겔 미디엄을 칠할 때 종이가 수축되는 것을 방지할 수 있다.

넓은 평붓을 이용해 종이 위에 겔 미디엄을 세로 방향으로 얇게 펴 바르고, 2시간 이상 완전히 말려 준다. 겔 미디엄이 마르면 가로 방향으로 다시 한 번 발라 준다. 이 과정을 6회 이상 반복해야 두께가 생기고 갈라지지 않는다.

겔 미디엄이 완전히 마르면, 가장자리에 붙인 종이테이프를 떼어내거나 칼로 잘라낸다.

떼어낸 종이를 뒤집어 이미지 뒷면이 위로 오도록 두고, 분무기를 이용해 물을 뿌려 준다.

물이 흡수되면 종이를 손가락으로 조심히 문질러 벗겨낸다.

종이가 남아 있지 않도록 깨끗이 벗겨낸다. 겔 미디엄 위에 이미지가 전사되었다.

겔 미디엄을 이용하여 전사한 이미지로 만든 콜라주 작품.

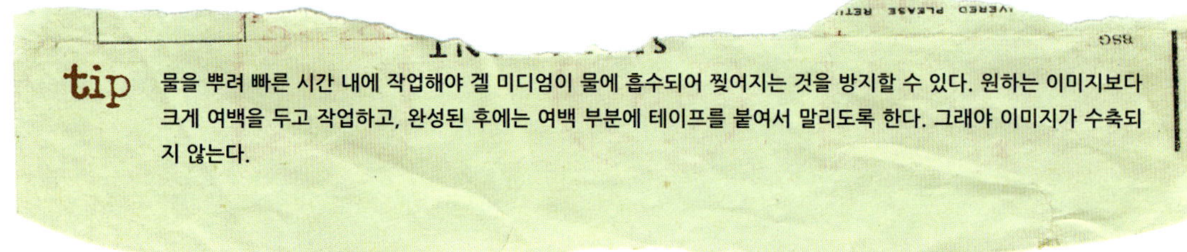

tip 물을 뿌려 빠른 시간 내에 작업해야 겔 미디엄이 물에 흡수되어 찢어지는 것을 방지할 수 있다. 원하는 이미지보다 크게 여백을 두고 작업하고, 완성된 후에는 여백 부분에 테이프를 붙여서 말리도록 한다. 그래야 이미지가 수축되지 않는다.

네일 에나멜 리무버를 이용한 전사 기법

준비물 ◆ 네일 에나멜 리무버, 흑백 복사 이미지 또는 흑백 레이저 출력 이미지, 폴더, 헝겊이나 화장솜, 종이테이프.

전사할 재료들을 준비한다.

종이 위에 전사할 종이를 뒤집어 놓고, 테이프로 살짝 고정시킨다. 빨리 때내야 하므로 테이프는 조금만 붙이는 것이 좋다.

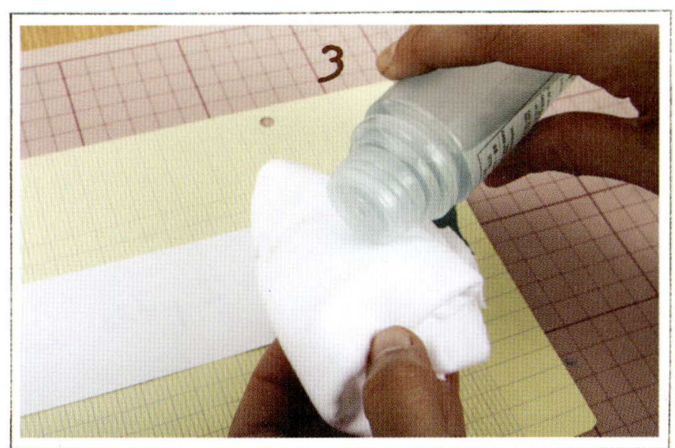

네일 에나멜 리무버를 솜이나 헝겊에 적신다.

종이 뒷면에 골고루 바른다.

폴더를 이용해 문질러야 이미지가 진하게 나온다.

이미지가 번지지 않도록 종이를 빨리 때낸다.

전사된 이미지를 콜라주에 필요한 모양으로 찢거나 오려서 사용한다.

네일 에나멜 리무버를 이용하여 전사한 이미지로 만든 콜라주 작품.

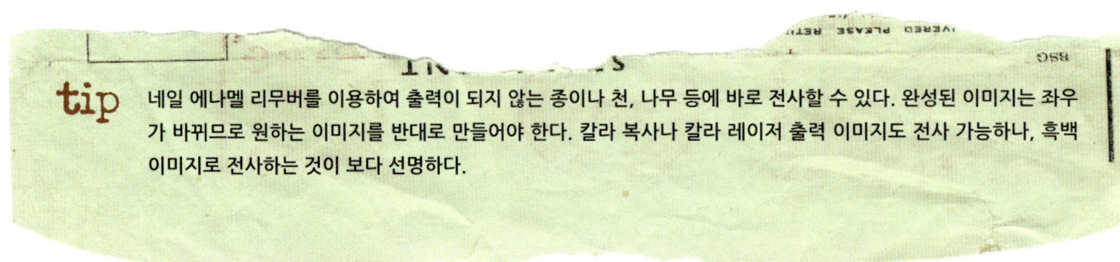

tip 네일 에나멜 리무버를 이용하여 출력이 되지 않는 종이나 천, 나무 등에 바로 전사할 수 있다. 완성된 이미지는 좌우가 바뀌므로 원하는 이미지를 반대로 만들어야 한다. 칼라 복사나 칼라 레이저 출력 이미지도 전사 가능하나, 흑백 이미지로 전사하는 것이 보다 선명하다.

Special Gallery
서효정의 콜라주
당신은
눈이 부십니다.
I am so happy now flying
with you
a tender kiss for you
a sweet Kiss your day
The city I miss now

종이를 이용한 스텐실

준비물 ◆ 겔 미디엄, 아크릴 물감, 모양 자, 도화지, 페이퍼 커팅 칼, 미술용 나이프나 딱딱한 카드 같은 도구.

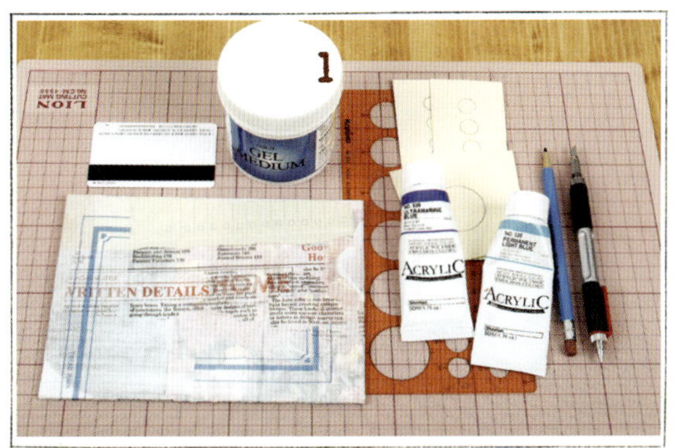

스텐실에 필요한 재료들을 준비한다.

모양 자를 이용해 도화지에 원을 그리고, 페이퍼 커팅 칼로 오린다.

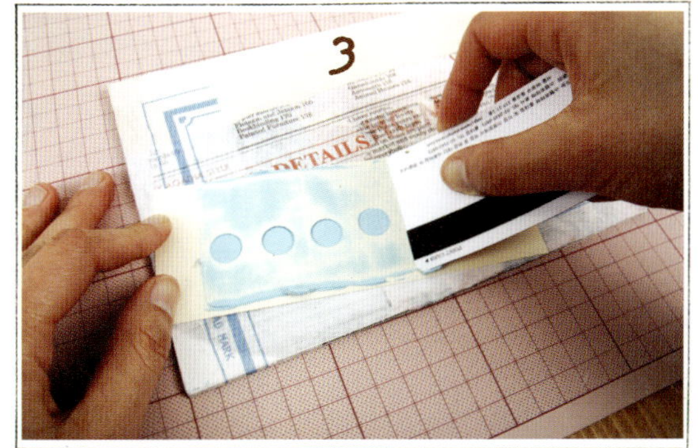

겔 미디엄과 아크릴 물감을 섞어 준비한 후, 물감을 나이프나 딱딱한 카드로 떠서 스텐실할 종이에 대고 긁어낸다.

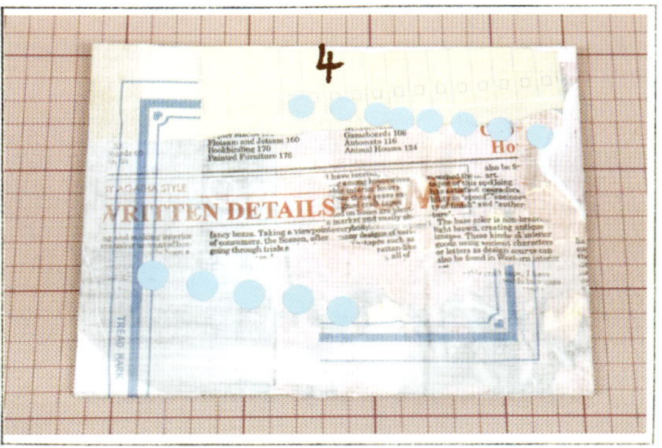

과정을 반복하여 원하는 이미지를 만든다.

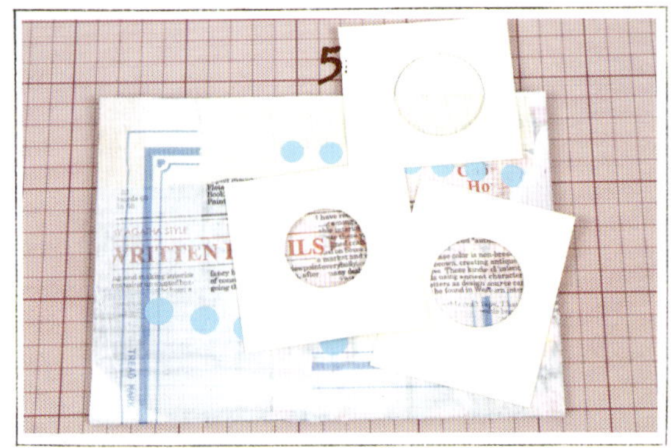

보다 큰 모양의 원을 그리고 오려낸 후, 스텐실할 위치를 잡는다.

앞서 사용한 색과 다른 색상의 물감을 준비하여 카드로 긁어낸다.

종이를 이용하여 스텐실한 배경에 콜라주한 작품.

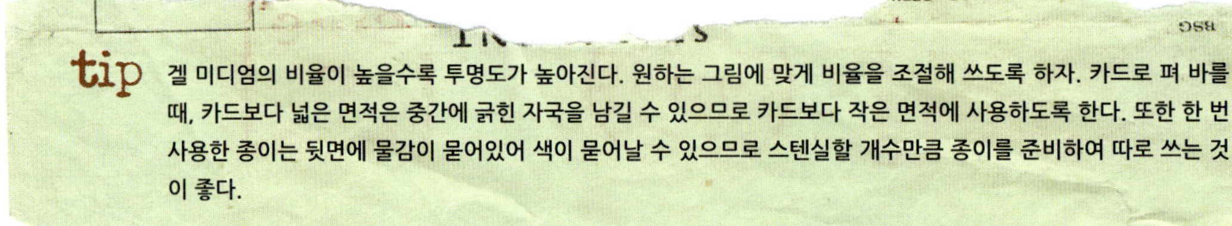

tip 겔 미디엄의 비율이 높을수록 투명도가 높아진다. 원하는 그림에 맞게 비율을 조절해 쓰도록 하자. 카드로 펴 바를 때, 카드보다 넓은 면적은 중간에 긁힌 자국을 남길 수 있으므로 카드보다 작은 면적에 사용하도록 한다. 또한 한 번 사용한 종이는 뒷면에 물감이 묻어있어 색이 묻어날 수 있으므로 스텐실할 개수만큼 종이를 준비하여 따로 쓰는 것이 좋다.

마스킹 필름을 이용한 스텐실

준비물 ◆ 마스킹 필름, 겔 미디엄, 아크릴 물감, 페이퍼 커팅 칼, 미술용 나이프 또는 딱딱한 카드 같은 도구, 도화지, 연필, 가위.

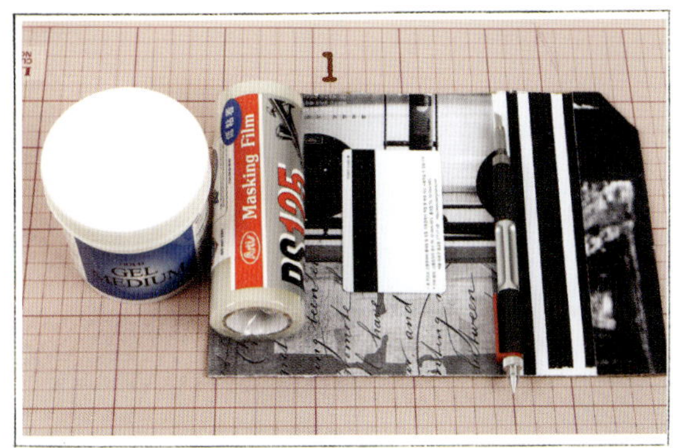

마스킹 필름과, 겔 미디엄 등 스텐실에 필요한 재료들을 준비한다.

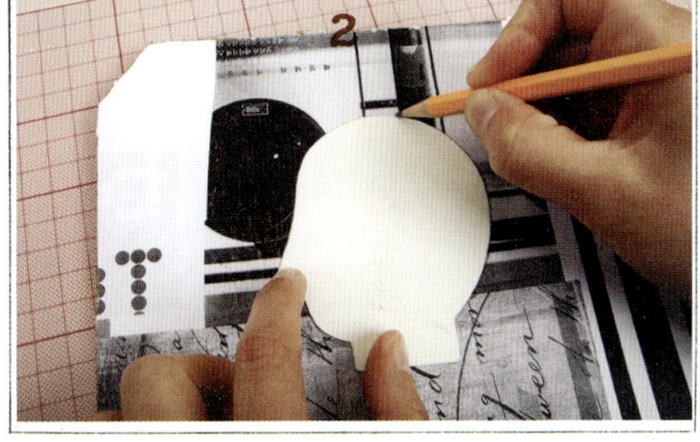

스텐실할 모양을 자른 후, 바탕 종이 위에 대고 그린다.

마스킹 필름을 이미지보다 크게 하여 이미지 위에 붙인다.

페이퍼 커팅 칼로 그려 놓은 이미지 선을 따라 마스킹 필름을 오린다.

오려낸 마스킹 필름을 살며시 떼어낸다.

젤 미디엄과 아크릴 물감을 섞은 후 나이프나 딱딱한 카드에 펴서 파낸 모양에 대고 긁어 준다.

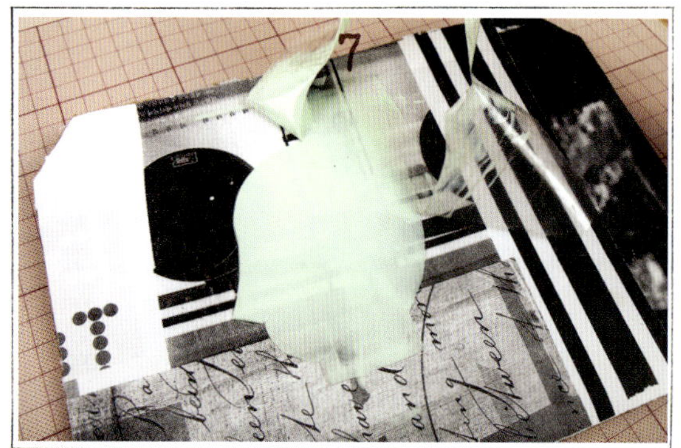

물감이 묻어나지 않도록 여백에 붙어 있는 마스킹 필름을 조심히 떼어낸다.

스텐실된 모양이 완성되었다.

마스킹 필름을 이용하여 스텐실한 배경에 콜라주한 작품.

디스트레스 잉크 활용하기

준비물 ◆ 잉크 블랜딩 툴, 디스트레스 잉크 패드, 영문이 쓰인 종이, 보드지나 두꺼운 종이, 붓, 겔 미디엄 또는 오공본드, 투명 박스테이프, 헝겊.

두꺼운 종이와 영문이 인쇄된 종이를 준비한다. 딱딱한 재활용 박스 종이 등은 두께가 있어서 바탕 종이로 사용하면 좋다.

박스 종이 위에 겔 미디엄이나 오공본드를 얇게 펴 바른다.

그 위에 영문 종이를 붙이고 잘 밀착되도록 문질러 준다.

투명 박스테이프를 종이 위에 붙이고 떼어내 자연스러운 바탕을 만든다.

글씨가 떨어져 나온 테이프는 따로 두었다가 콜라주에 쓰면 좋다.

젯소를 물에 개어 글씨가 듬성듬성 떨어져 나간 종이 위에 얇게 펴 바른다.

헝겊을 이용해 부분적으로 닦아내고, 원하는 느낌이 나올 때까지 젯소를 바르고 닦아내는 과정을 반복한다.

잉크 블랜딩 툴에 디스트레스 잉크를 묻혀서 바탕에 문지른다. 모서리 끝 면에 문질러주면 더 효과적이다.

tip 디스트레스 잉크를 묻힌 얇은 종이를 찢거나 오려내 콜라주에 사용해도 좋다. 엠보싱 파우더를 사용하거나 완성된 작품이 견고하길 원할 경우에는 두꺼운 바탕을 사용하는 것이 좋다.

엠보싱 파우더 활용하기

준비물 ◆ 스탬프, 엠보싱 파우더, 힛 툴, 엠보싱 잉크 패드, 빈티지 종이.

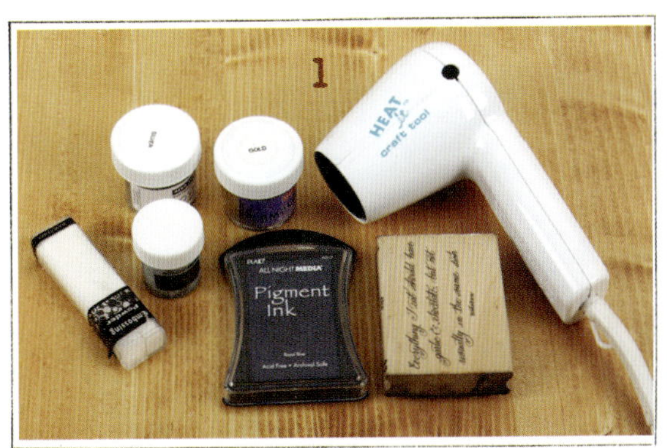

엠보싱 파우더와 스탬프 등의 재료들을 준비한다.

스탬프에 엠보싱 잉크 패드를 묻힌 후, 빈티지 배경으로 만든 바탕 종이 위에 찍는다.

찍은 텍스트 위에 엠보싱 파우더를 조금 뿌린다.

뿌려 놓은 엠보싱 파우더를 이면지에 털어낸다.

엠보싱 잉크 패드가 찍혀진 부분에만 파우더가 올라간다. 이미지 여백에 파우더가 묻어 있다면 붓으로 털어내고, 힛 툴로 엠보싱 파우더를 녹여서 고착시킨다.

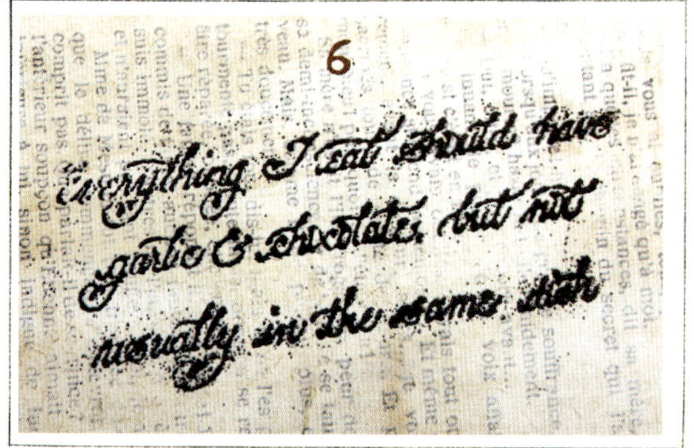

빈티지 종이 위에 이미지가 새겨졌다.

빈티지 배경과 엠보싱 파우더를 이용하여 만든 배경에 콜라주한 작품.

JUNE
MON
Rauchen gefährdet die Gesundheit
WILLEM II
Fehlfarben No. 429
artia!
VI 53158
merry christmas!
You are so lovely
Do what you want

artists &
art
PULL
РОССИЯ 2.00
ROSSIJA
5000
1999
TEL 00352

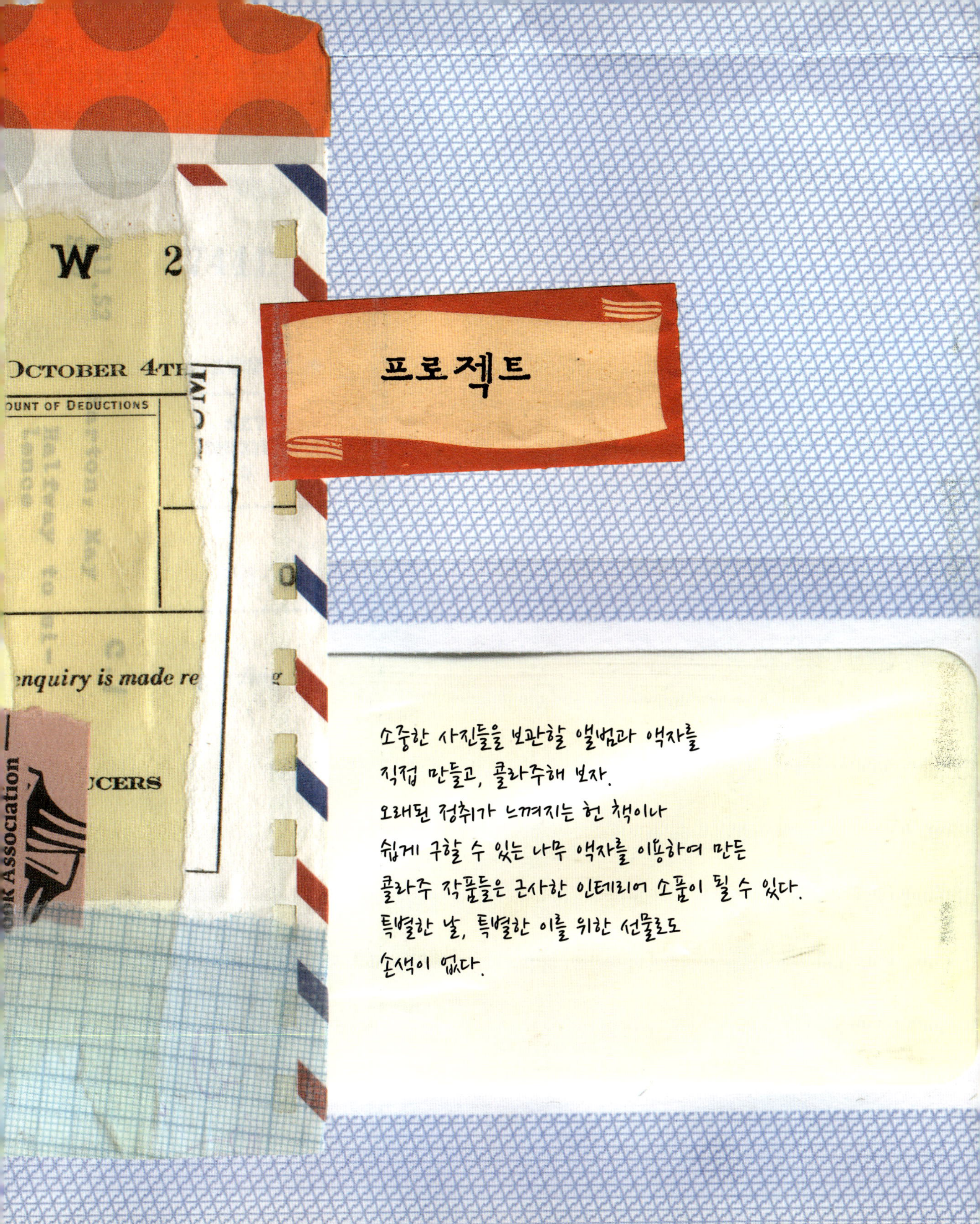

프로젝트

소중한 사진들을 보관할 앨범과 액자를
직접 만들고, 콜라주해 보자.
오래된 정취가 느껴지는 헌 책이나
쉽게 구할 수 있는 나무 액자를 이용하여 만든
콜라주 작품들은 근사한 인테리어 소품이 될 수 있다.
특별한 날, 특별한 이를 위한 선물로도
손색이 없다.

project

1

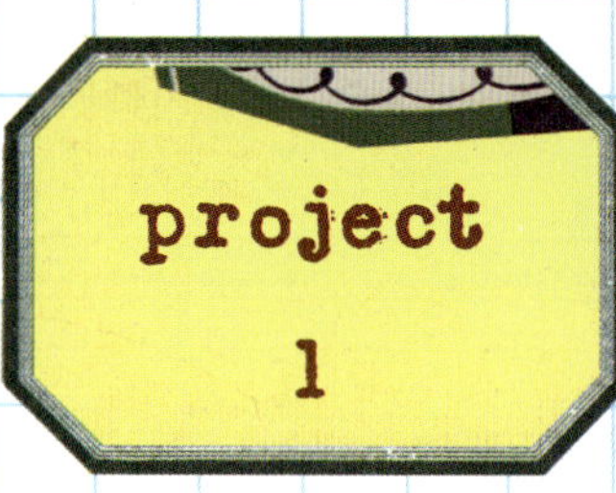

추억을 담는 ◈ 나무 막대 앨범

주변 공원이나 꽃집에서 구할 수 있는 나무 막대를 이용하여 앨범을 만들어 보자. 나무 막대와 잘 어울리는 마 끈으로 제본을 하고 다양한 종이로 콜라주한 나무 막대 앨범은 자연스러운 손 맛의 정취를 한 껏 느끼게 해 줄 것이다.

준비물 ◆ 앨범으로 사용할 종이, 우표, 나무 막대, 씰 스탬프, 씰링 왁스, 씰링 왁스 패드, 바늘, 마 끈, 풀, 코르크 판, 클립 등.

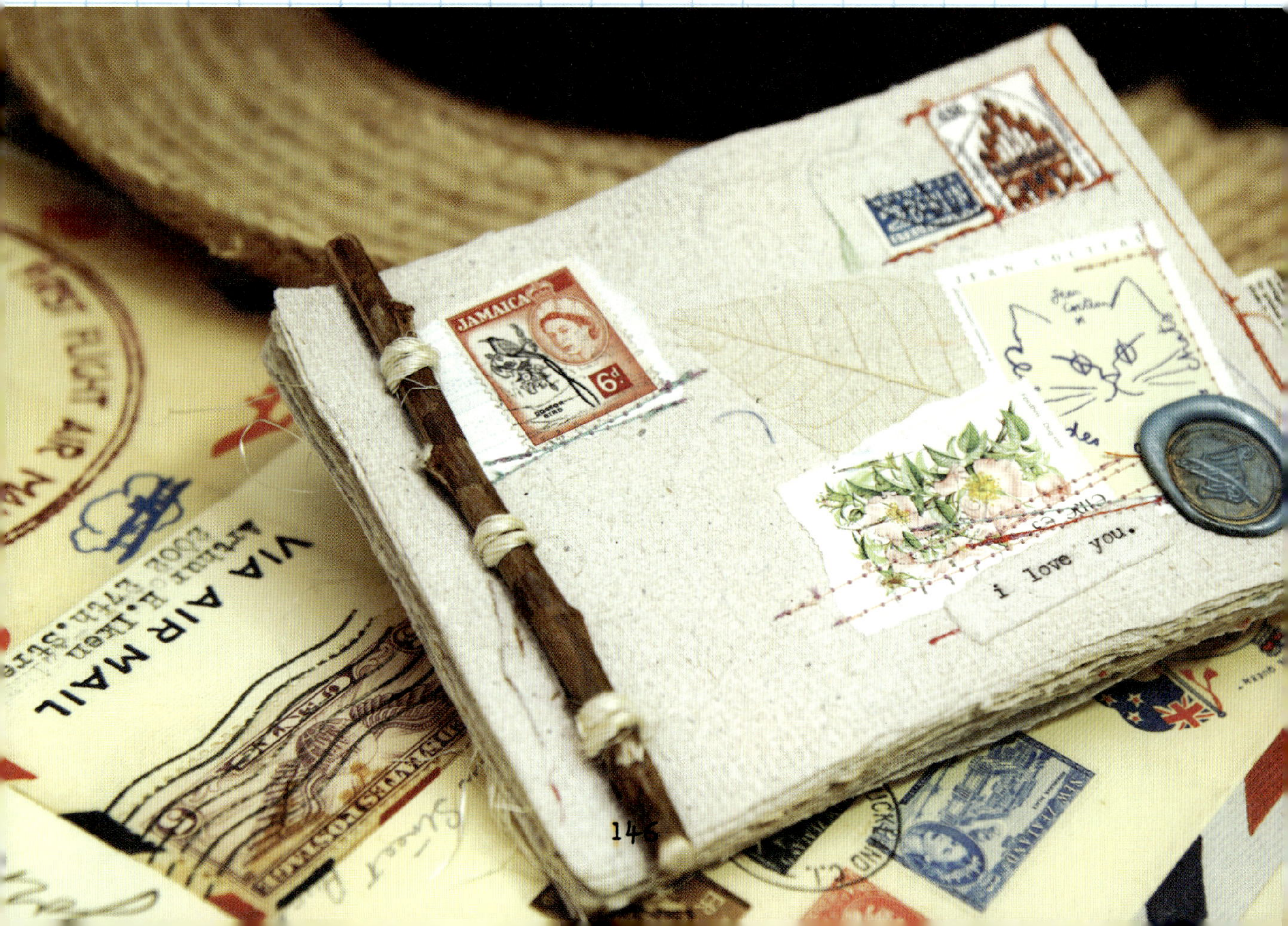

1

나무 막대 앨범을 만들 재료들을 준비한다.

2

원하는 매수만큼 앨범 속지를 준비하고, 속지의 왼쪽 책등 부분에 바인딩을 하기 위해 끝에서 2cm정도 떨어진 곳에 3개의 구멍을 뚫는다. 이때 코르크 보드를 밑에 받쳐 사용한다.

3

속지를 집게로 집어 놓고 구멍을 뚫어 주면 종이가 밀리지 않고 사진처럼 깨끗하게 뚫린다.

4

앨범 종이보다 조금 큰 나무 막대를 준비하고 끝부분을 사포로 다듬어 놓는다. 콜라주할 이미지들을 골라 위치를 잡아 본다.

5

알맞은 위치에 이미지들을 하나씩 붙여 나간다. 종이에 잘 붙도록 폴더를 이용해 문질러 준다.

6

어울리는 위치를 찾아 이미지를 몇 개 더 붙인다.

7

재봉틀을 사용해서 자연스러운 스티치를 만든다. 재봉틀이 없으면 손바느질로 꾸며도 좋다.

8

클래식 씰 스탬프를 찍어 포인트를 준다(p.155-157 참고).

9

뚫어놓은 구멍에 나무 막대와 마 재질의 끈을 이용해서 바인딩을 해 나간다. 바늘에 끈을 끼우고 앨범의 뒤쪽에서 앞쪽으로 바늘을 끼워 넣는다. 나중에 리본을 묶을 길이 정도의 끈만 남기고 바늘을 빼낸다.

10

빠져나온 끈으로 막대를 2~3바퀴 정도 감은 후, 다시 같은 구멍에 바늘을 넣는다.

11

뒤쪽으로 나온 바늘을 두 번째 구멍에 넣고 앞서 첫 번째 구멍에서 했듯이 끈을 막대에 감아 같은 구멍으로 바늘을 넣는다.

12

또 다시 뒤쪽으로 나온 바늘을 마지막 구멍에 끼워 빼내고 막대에 2~3번 끈을 감아 같은 구멍으로 끼워 넣는다.

13

뒤쪽으로 나온 바늘을 사진처럼 첫 번째 구멍과 두 번째 구멍 사이에 걸쳐진 끈 사이로 통과시키고 바늘을 빼낸다.

14

반대쪽에 남겨 둔 여분의 끈도 두 번째 구멍과 세 번째 구멍 사이에 걸쳐진 끈 사이로 통과시킨다. 서로 얽혀진 끈을 팽팽하게 당긴다.

15

리본을 묶고 적당한 길이로 잘라 마무리한다.

CLARK'S
SPOOL COTTON
JAMAICA
i love you.

I LOVE COFFEE
I LOVE YOU
JAMAICA
i love you.

완성된 나무 막대 앨범.

나무 막대를 이용한 바인딩

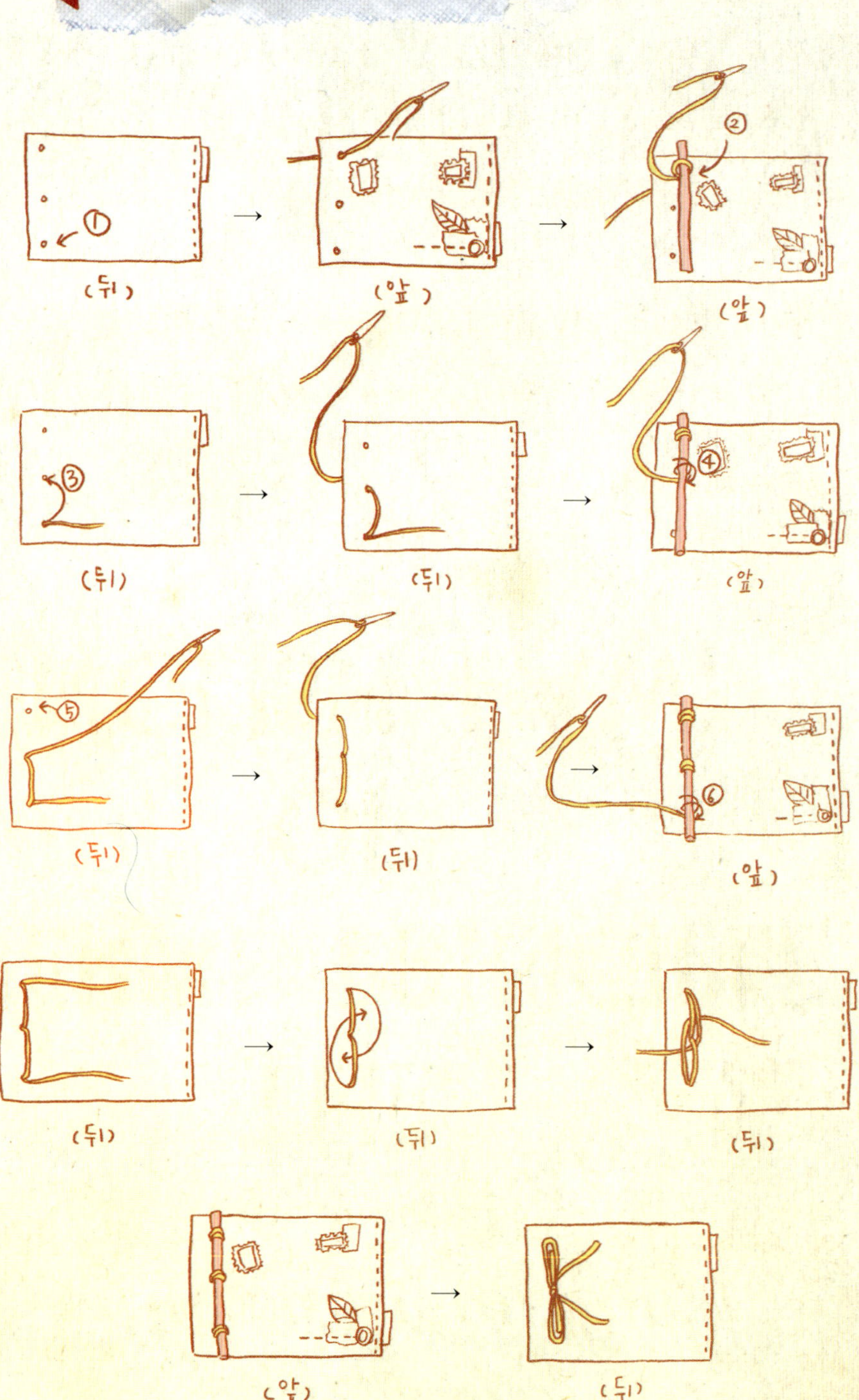

FROM
Name
Postoffice
Rural
Route
HERE
MERRY
X-MAS
Happy
SEARS
CHARGES
CREDITS
CHECK NUMBER
AMOUNT PAID
CORRESPONDANCE
sijak
Goods F. O. B.
CHECK
NUMBER
CHARGES

* 클래식 씰 만들기

씰 만드는 법을 자세히 알아보자.

준비물: 씰 스탬프과 씰링 왁스 스틱 또는 비드 왁스, 씰 스탬프 패드, 멜팅 스푼, 양초.

1

멜팅 스푼 위에 비드 왁스를 3~4개 정도 올려 놓고 가열한다.

2

비드 왁스가 다 녹으면 원하는 부분에 조심스럽게 부어 준다.

3

씰 스탬프를 씰 스탬프 패드에 찍는다. 스탬프 패드에 씰 스탬프를 찍고 씰링 왁스에 눌러 주면, 양각부분에 색이 묻어나서 하이라이트를 줄 수 있다.

4

왁스가 굳기 전에 중심을 잘 맞춰 눌러 준다. 왁스가 어느 정도 굳을 때까지 자세를 유지한다.

씰 스탬프를 떼어내면 사진과 같이 무늬가 찍힌 왁스가 봉투 여밈에 봉인되어 있는 것을 확인할 수 있다.

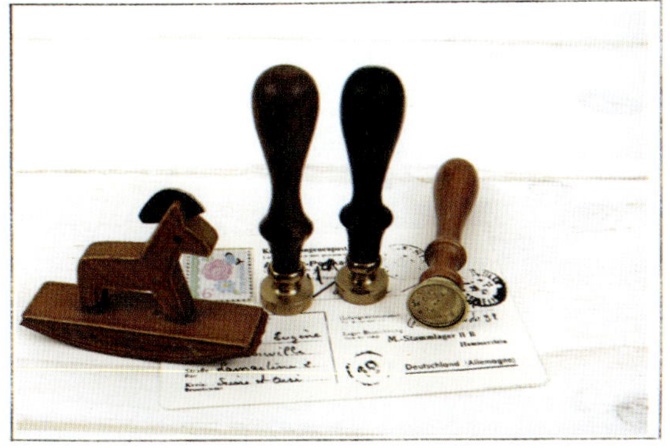

project 2

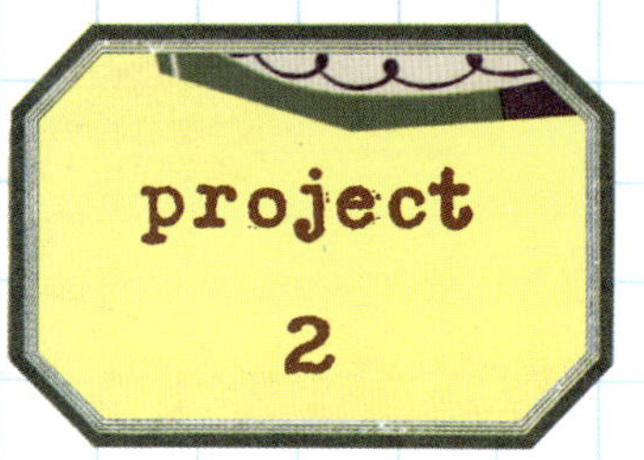

종이 질감을 살려요 ◈ 크라프트 종이 앨범

크라프트 종이로 앨범을 만들고 헌 우표나 티켓 등으로 커버를 콜라주하여 꾸며 보자. 크라프트 종이는 두께감이 있으면서도 여러 재료와 무난하게 잘 어울리는 훌륭한 재료이다. 원하는 매수와 사진 크기에 따라 앨범의 두께와 크기를 달리하여 나에게 꼭 맞는 핸드 메이드 앨범을 만들자.

준비물 ◆ 크라프트 종이(200~250g), 데코 종이, 우표, 빈티지 라벨, 테그, 아일렛, 아일렛 펀치, 마스킹테이프, 스탬프, 스탬프 잉크 패드, 샤무드 끈(데코용 끈), 자, 폴더, 가위, 풀 등.

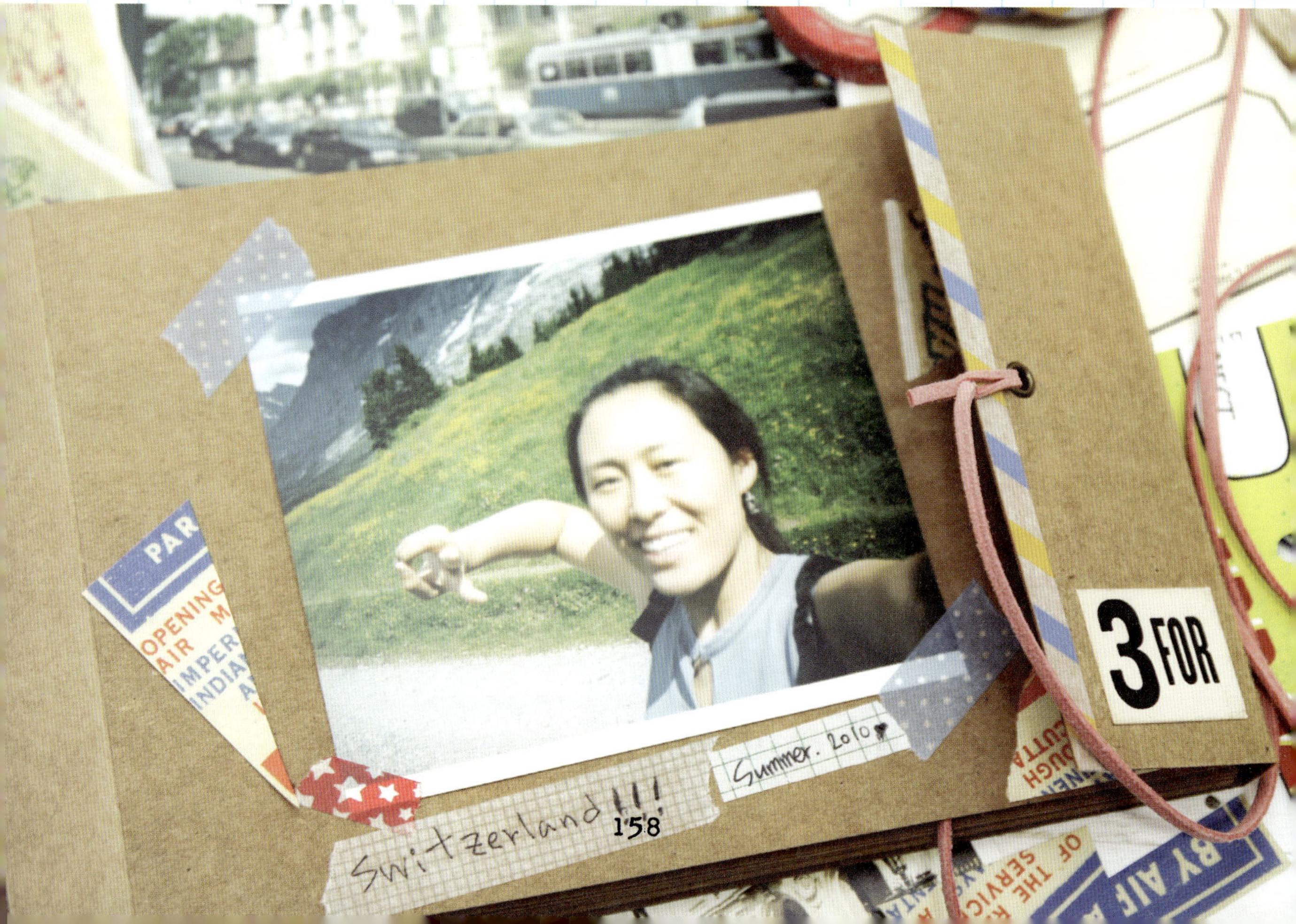

1

크라프트 종이를 준비한다. 연결 종이와 속지는 같은 높이로 준비하고, 표지는 속지 높이와 같거나 조금 크게 준비한다(p.164-165 일러스트 참고). 준비한 연결 종이에 자를 대고 폴더를 이용해 접는 선을 그어 준다. 속지가 붙는 간격은 2cm로 하고, 양 끝 날개의 간격만 4cm로 한다.

2

선을 따라 접는다. 잘 접히도록 폴더를 이용해 앞뒤로 접어가며 문질러 준다.

3

지그재그 면들 중 하나 걸러 한 쪽씩 풀칠을 해가며 크라프트 앨범 속지를 붙여 준다(p.164-165 일러스트 참고).

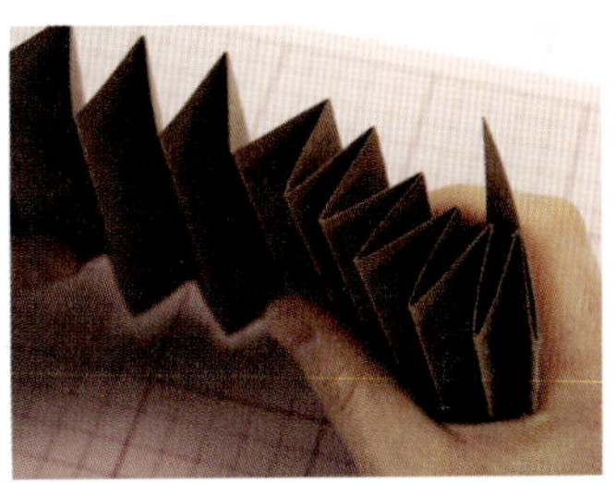

4

이제 커버를 만들어 보자. 표지의 책등은 앨범 속지의 책등 두께와 같게 한다. 포인트 종이를 앨범 책등 길이보다 길게 잘라 준비하고, 커버 겉면의 책등에 맞춰 붙이고 폴더로 문지른다.

5

아래위로 남은 여분의 종이를 안쪽으로 넘겨 붙이고 폴더로 문질러 준다.

6

종이를 붙이면 두께가 생겨 접지선 부분이 잘 접히지 않을 수 있으므로 폴더를 이용하여 책등의 각을 잡아 준다.

7

콜라주할 종이들의 위치를 잡은 후, 앨범 표지 위에 하나씩 붙여 나간다. 스탬프를 찍어 모양을 내고, 마스킹테이프로 가장자리를 꾸민다.

8

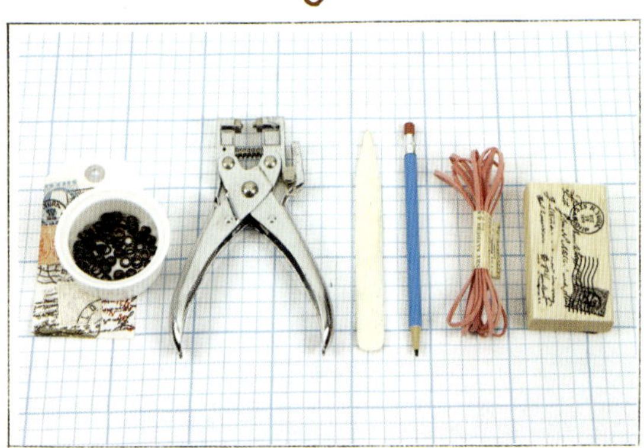

크라프트 표지에 구멍을 뚫어 끈을 달 재료들을 준비한다.

9

여밈 끈을 달 위치를 표시하고, 아일렛 펀치로 구멍을 뚫는다. 뚫은 구멍에 아일렛을 박는다.

10

아일렛을 박은 중앙에 아래에서 위로 여밈 끈을 끼운다. 끈 한쪽 중앙에 1cm정도 칼집을 내고 그 사이에 다른 한쪽을 끼워 빼낸다.

11

표지가 완성되면 연결시켜놓은 앨범 속지 한 쪽 4cm 날개 부분에 풀칠을 하고 표지 안쪽에 붙인다. 폴더를 이용해 잘 문지른다.

12

속지를 지그재그로 붙여 나가면 연결 종이 마지막 한 면이 남게 되는데, 이것을 표지 한쪽 면에 붙여 준다.

13

끈을 한 바퀴 돌려 감아 마무리한다.

완성된 크라프트 종이 앨범.

크라프트 종이 앨범 만들기

1

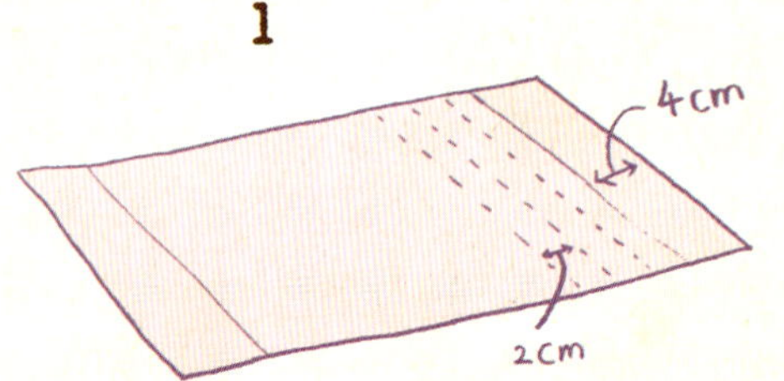

앨범을 연결할 종이에 일정 간격의 선을 표시해 준다.
종이의 길이는 원하는 속지 매수에 맞추어 결정한다.

2

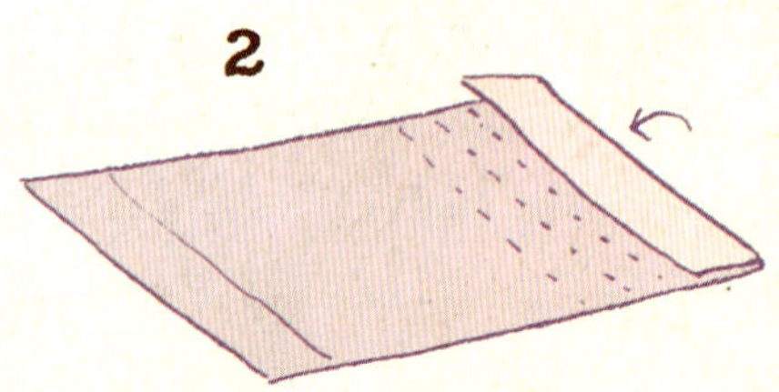

폴더를 이용해 선을 따라 앞뒤로 접어가며 문지른다.

3

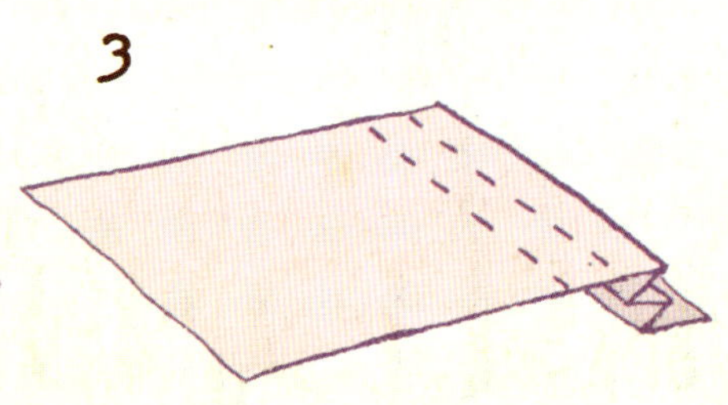

아코디언 식으로 접어 나간다.

4

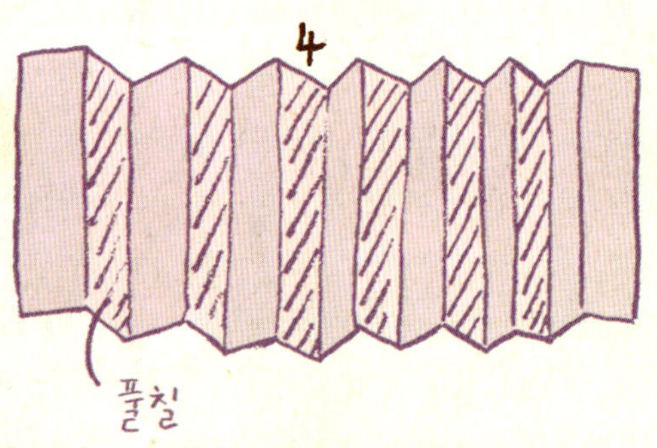

그림에 표시한 풀칠 부분에 크라프트 종이를 한 장씩 붙여 나갈 것이다.

5

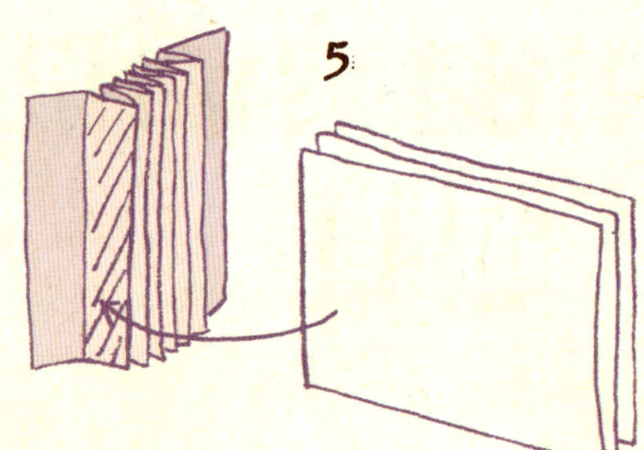

먼저 한쪽 면에 풀칠을 하고 크라프트 속지 한장을 붙인다.

6

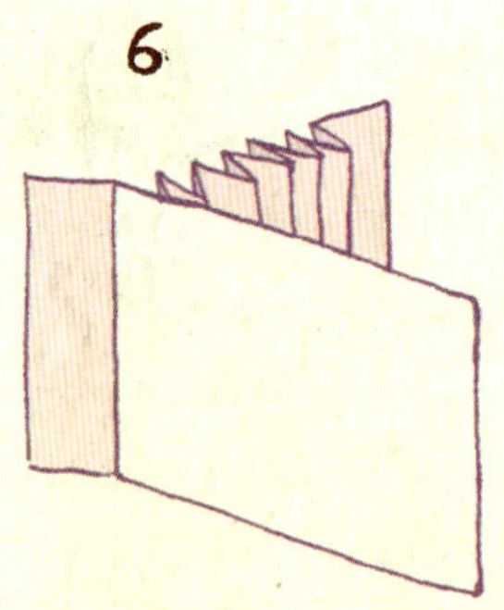

잘 붙도록 폴더로 문지르며 붙인다.

7

나머지 속지들도 차례로 붙여 내지를 완성한다.

8

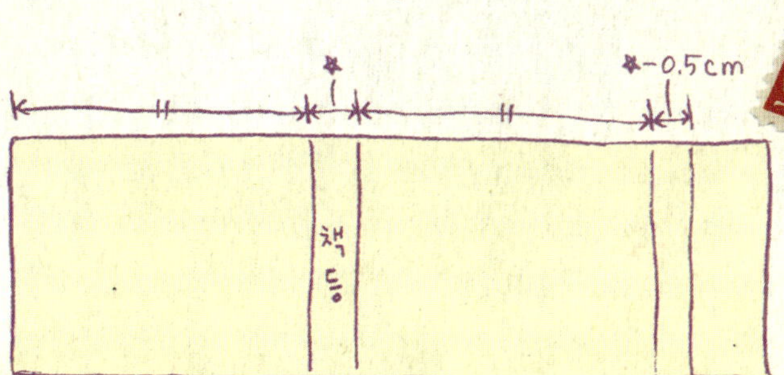

크라프트 표지를 준비한다. 책등은 연결 종이가 붙어있어 두꺼워진 것을 고려하여 앞쪽 간격을 책등보다 0.5cm정도 작게 잡는다. 그래야 사진을 붙였을 때 책배 부분이 눌리지 않는다.

9

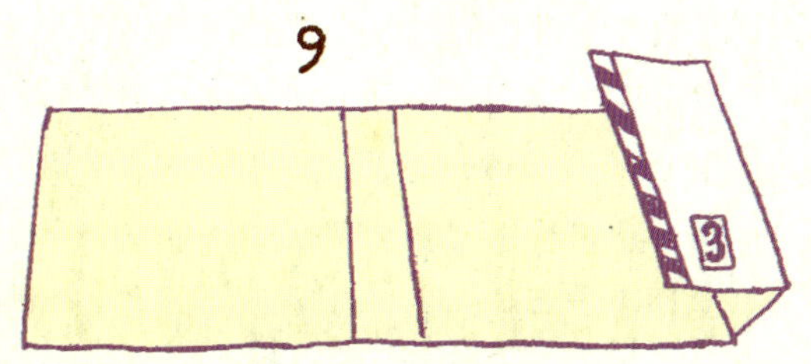

오른쪽 날개부분에 각이 생기도록 선을 따라 접어 준다.

10

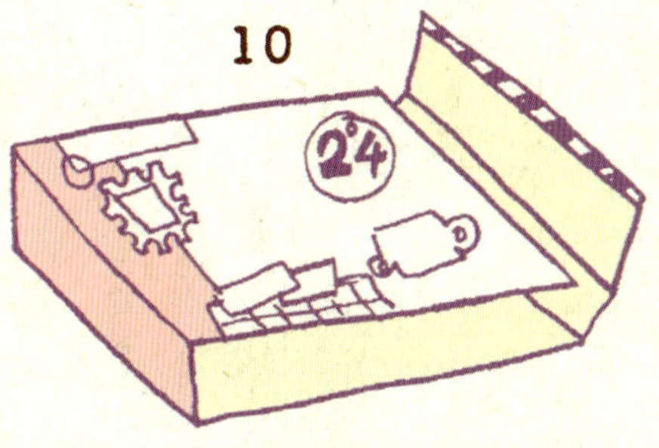

오른쪽 날개가 왼쪽 날개 표지 위에 1/3~1/4정도 겹쳐지게 한다.

11

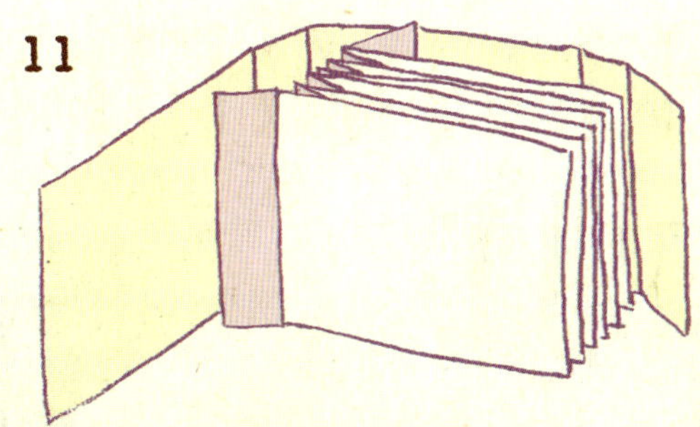

표지가 완성되면 미리 만들어 놓은 앨범 속지와 연결시킨다. 끝쪽 4cm 날개 부분에 풀칠을 하여 표지에 붙인다.

12

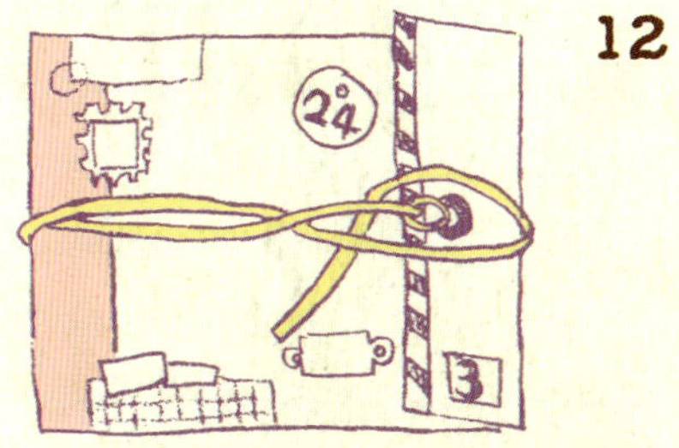

날개 부분에 아일렛을 달고 끈을 연결시켜 앨범을 완성한다.

project

3

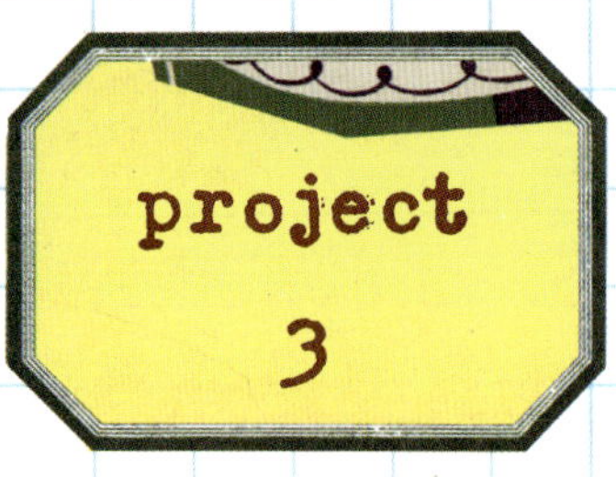

그림도 그리고 콜라주도 해요 ◈ 캔버스 앨범

화방이나 문구점에서 쉽게 구할 수 있는 캔버스 천을 이용해서 앨범을 만들어 본다. 아크릴 물감으로 커버의 바탕을 꾸미고, 바느질·종이 콜라주·아일렛 달기 등의 다양한 방법들로 캔버스 표지를 장식해 보자.

준비물 ◆ 캔버스 천, 골판지 또는 두꺼운 종이(300g정도), 아크릴 물감, 데코용 종이, 마스킹테이프, 하드 막대, 붓, 팔레트, 칫솔, 폴더, 오공본드, 송곳, 가위, 데코용 면 끈, 실과 바늘, 유광 바니시, 단추, 아일렛, 아일렛 펀치, 커팅 매트, 코르크 판 등.

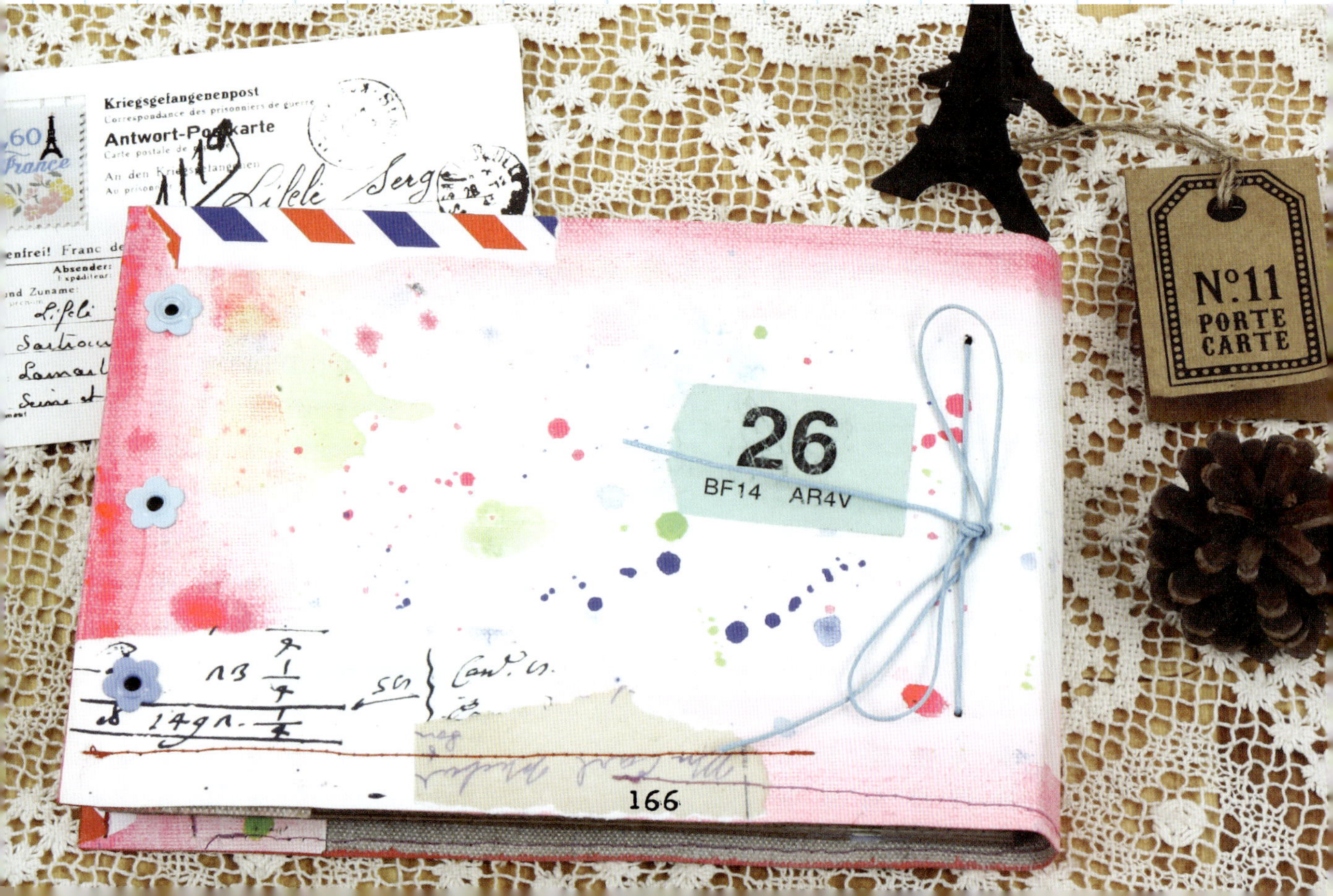

1

앨범 만들기에 필요한 재료들과 데코용 종이들을 준비한다.

2

속지와 연결지에 쓸 300g 이상의 두꺼운 종이를 준비한다. 연결지로 쓸 종이는 2.5cm씩 속지 매수와 같게 잘라 둔다.

3

앨범을 펼쳐 보기 쉽게 하기 위해 연결 종이와 속지 사이에 간격을 띄워 준다. 사이 간격을 일정하게 유지하며 붙이기 위해 틀을 만들어 사용하면 좋다. 틀은 테이프를 8mm 간격으로 나란히 붙이고 위쪽에 직각이 되도록 하나 더 붙이면 완성된다.

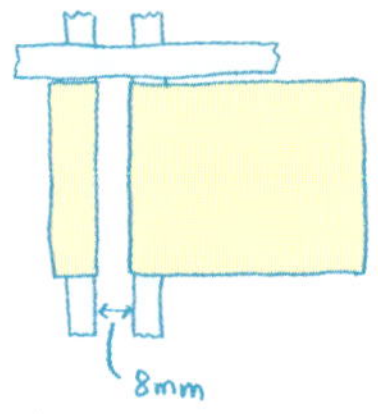

4

테이프로 고정하여 만든 틀 위에 연결 종이와 속지를 올려 놓고 마스킹테이프로 이어 붙인다. 뒷면에도 마주 붙인다. 잘 붙도록 앞뒷면을 폴더로 문질러 준다.

5

각각의 속지를 다양한 마스킹테이프로 붙여 다채로운 속지를 완성한다.

6

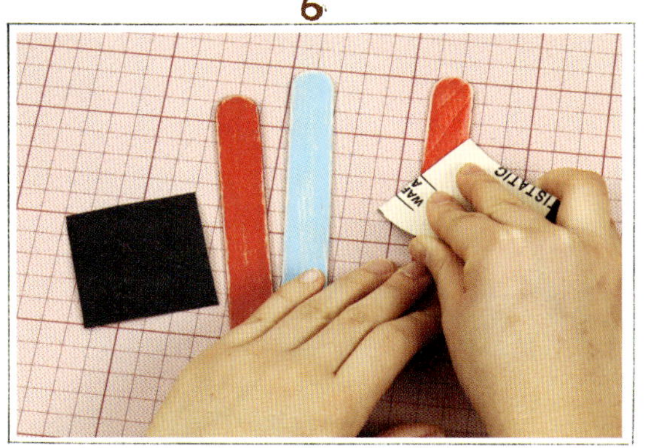

하드 막대를 원하는 색상의 아크릴 물감으로 칠하고 잘 말린 후, 사포로 문질러 자연스러운 나무 느낌이 나도록 만든다.

7

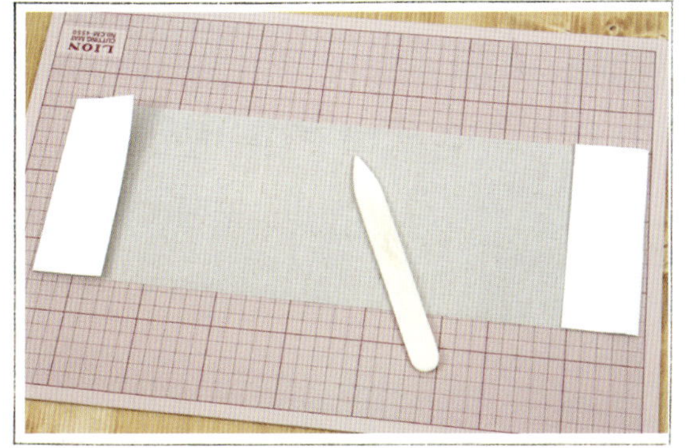

표지로 쓸 캔버스 천을 준비한다. 책등의 두께는 속지 두께에 사진을 붙일 여유분을 생각하여 속지 책등보다 1cm 정도 더 크게 잡는다. 나머지 3면도 속지보다 5mm씩 크게 준비한다. 양쪽 날개부분을 폴더를 이용해 5cm씩 안으로 접어 준다.

8

캔버스 천에 아크릴 물감을 뿌리거나 칠하여 커버를 꾸며 준다(p.120-121 참고). 하드 막대, 연결 종이를 붙인 속지, 구멍 뚫을 위치를 표시한 템플릿, 아일렛 펀치 등을 준비한다.

9

연결 종이 위에 구멍을 뚫어 놓은 종이를 대고 3개의 구멍 자리를 표시해 준다. 펀치를 이용해 표시에 맞춰 구멍을 뚫는다. 하드막대는 뒷면에 종이테이프를 붙인 후 송곳으로 뚫어 준다.

10

구멍을 뚫은 속지를 캔버스 천 위에 올려 놓고 표지에도 구멍을 뚫어 준다. 이때 속지는 책등 부분을 띄우고 나머지 3면도 5mm의 여분을 두고 올려 놓아야 한다.

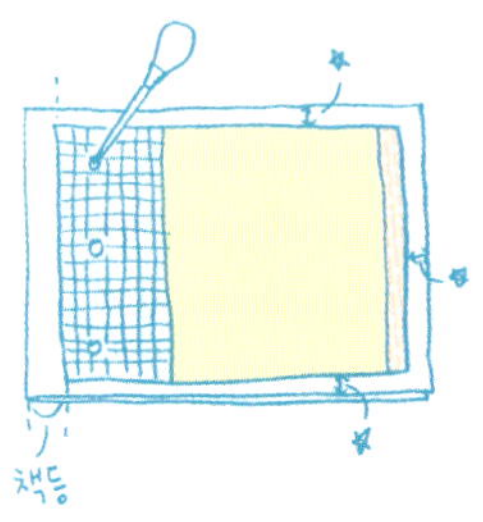

11

커버에 콜라주를 해 보자. 구도를 잡을 때, 하드 막대를 위치할 부분에 올려놓고 구성을 해야 완성 이미지에서 크게 벗어나지 않는다. 캔버스 천에 종이를 붙일 때에는 오공본드 같이 접착력이 강한 제품을 쓰고 폴더로 문질러 주어야 한다.

12

붙이기 작업이 끝나면 재봉틀을 사용하여 자연스러운 스티치를 만들어 준다. 재봉틀이 없으면 손바느질을 해도 된다.

13

표지 전체에 유광 바니시를 바른다.

14

표지 가장자리에 아일렛 펀치로 3개의 구멍을 뚫는다. 다양한 모양과 색깔의 아일렛을 달아 포인트를 주고, 접힌 날개부분이 벌어지지 않도록 한다.

15

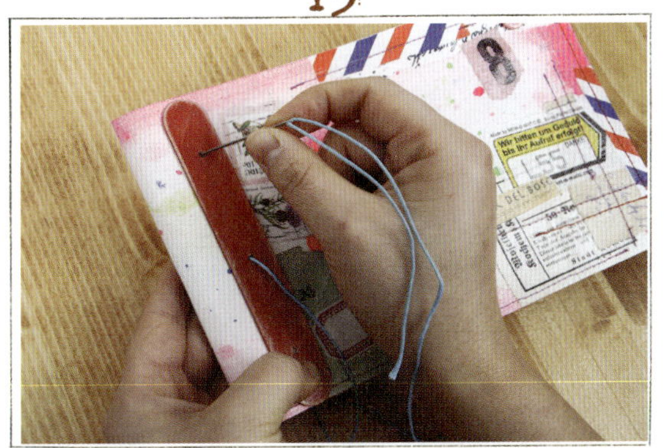

완성된 표지 안에 속지를 넣고, 표지 위에 장식 하드 막대를 올린 후, 뚫어 놓은 구멍에 맞춰 바인딩한다(p.173 일러스트 참고).

16

끈을 엮어 완성한 모습.

완성된 크라프트 종이 앨범.

하드 막대를 이용한 바인딩

1

바늘에 실을 끼워 가운데 구멍에 끼운다.

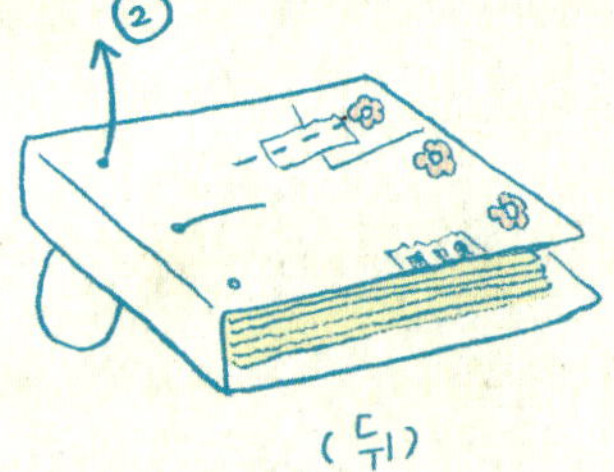

빼낸 바늘을 다른 한쪽 구멍에 끼워 넣는다.

3

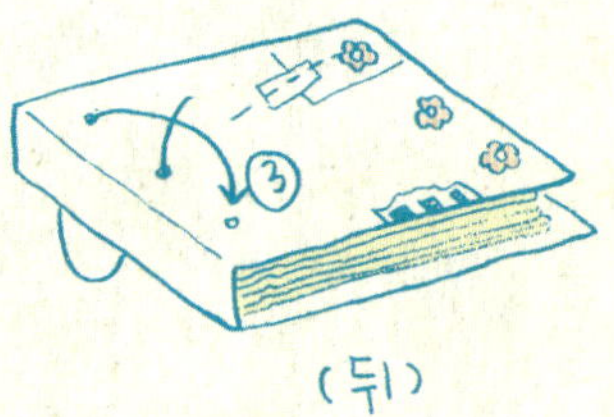

뒤로 나온 바늘을 나머지 한쪽 구멍에 끼워 넣는다.

4

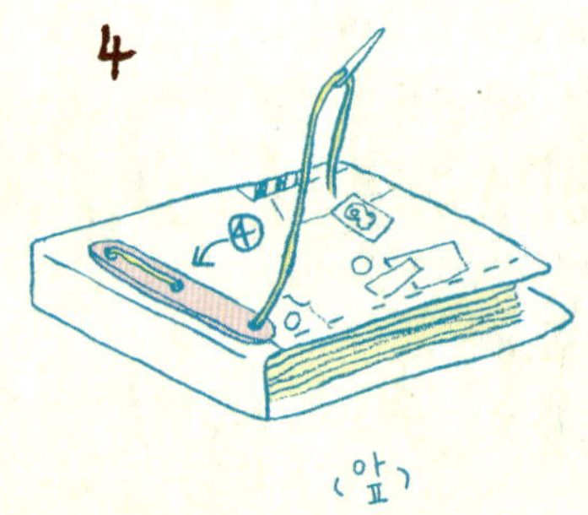

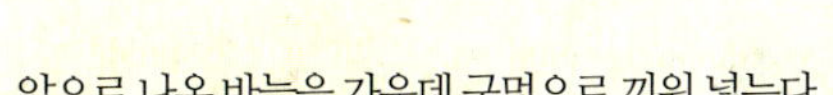

앞으로 나온 바늘을 가운데 구멍으로 끼워 넣는다.

5

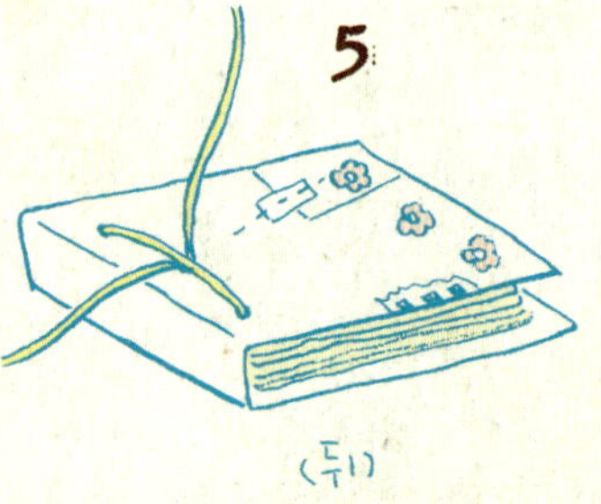

바늘을 빼내고 뒤로 나온 두 가닥의 끈을 엇갈려 묶어 준다.

6

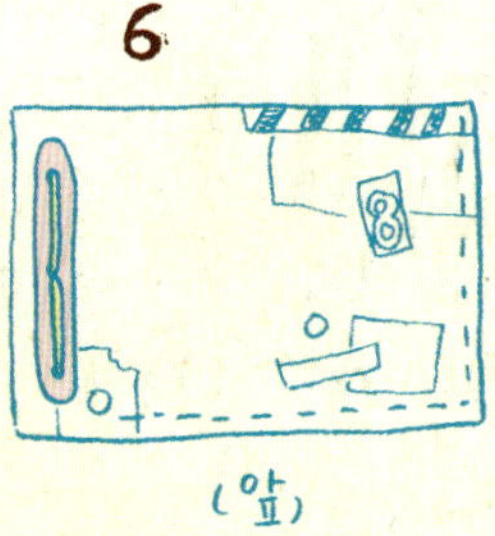

완성된 앞모습.

7

완성된 뒷모습.

Special Gallery
서효정의 콜라주

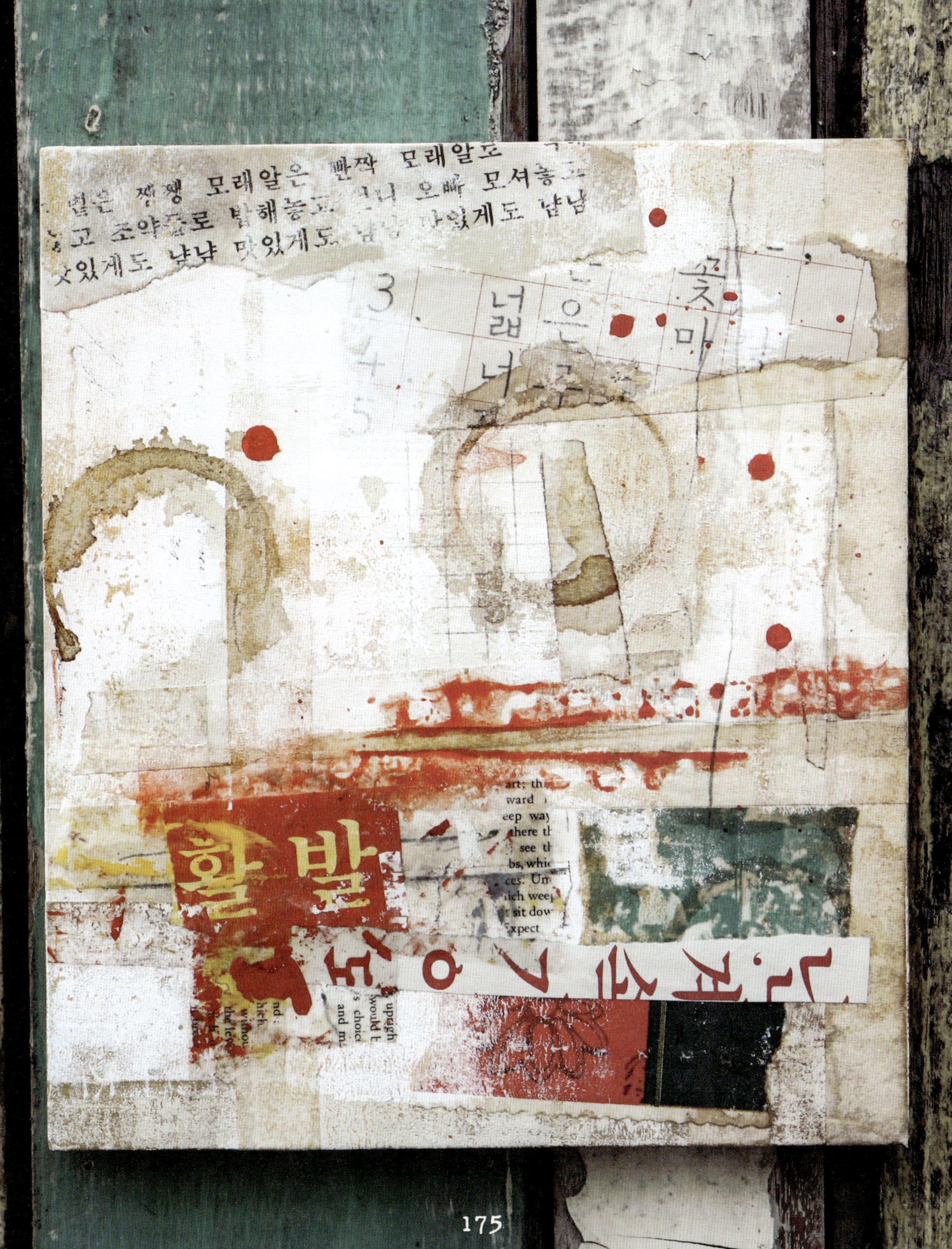
활발

project
4

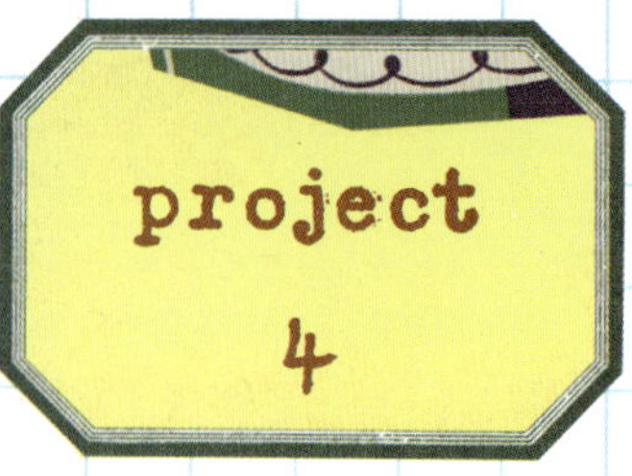

헌 책을 특별하게! ◈ 콜라주 책 표지

양장본으로 만들어진 헌 책을 활용하여 책 커버를 꾸며 보자. 콜라주하여 장식한 헌 책을 책상이나 선반 위에 세워두면 특별한 인테리어 소품이 된다.

준비물 ◆ 하드 커버로 된 헌 책, 마스킹 플루이드, 아크릴 물감, 티백, 콜라주할 다양한 종이, 도일리, 붓, 팔레트, 오공본드 등.

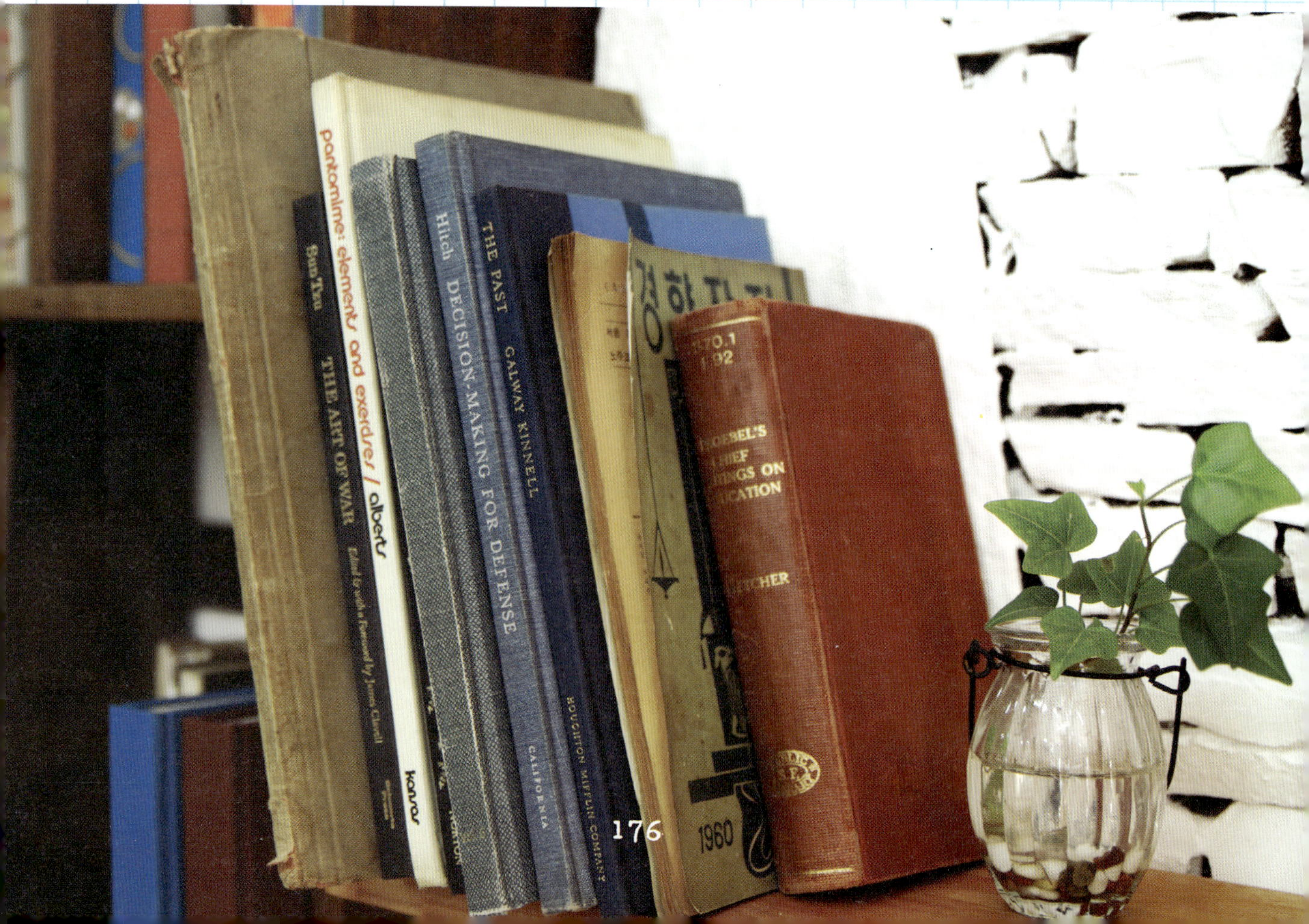

1

재료들을 준비하고, 준비한 헌책의 하드 커버에 아크릴 물감을 고루 펴 발라 바탕을 만든다.

2

물감이 마르면, 원하는 모양으로 마스킹 플루이드를 칠한다. 마스킹 플루이드를 사용한 붓은 바로 물에 씻어야 굳지 않는다.

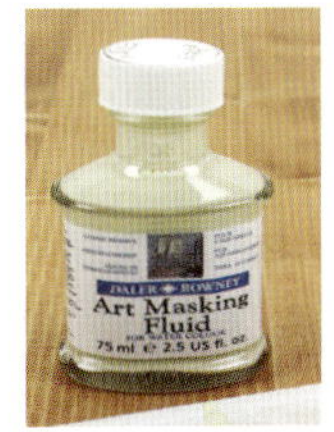

3

마스킹 플루이드가 마르면, 원하는 색상의 아크릴 물감을 골라 마스킹 플루이드 위에 덧바른다. 색이 마른 후, 다른 색으로 더 칠해 바탕을 꾸며 준다.

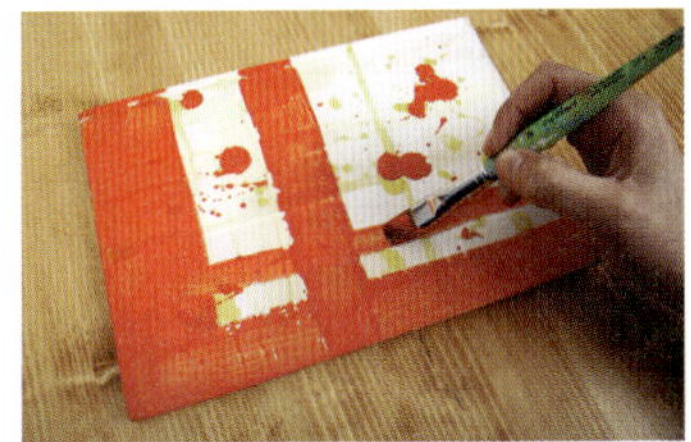

4

물감이 모두 마르면, 손가락으로 마스킹 플루이드를 문질러 벗겨낸다.

5

마스킹 플루이드를 벗겨낸 자리에 다시 아크릴 물감을 발라 원하는 바탕을 만들어 준다.

6

완성된 바탕 위에 콜라주할 재료들을 올려놓고 다양하게 구성해 본 후, 하나씩 붙여 나간다.

7

콜라주하여 완성한 책 표지.

완성된 책 표지.

project 5

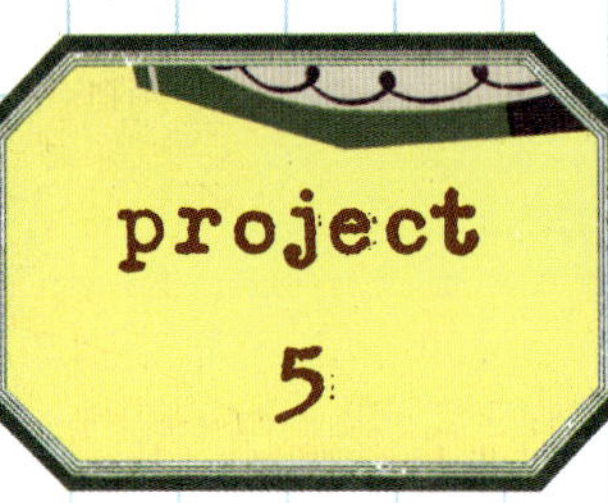

너를 위한 이야기 ◈ 책 안에 담는 콜라주

오래된 책에는 세월의 흔적이 고스란히 배어 있다. 낡고 헤져 이제 잘 보지 않는 책의 한 면을 펼쳐 콜라주의 바탕 종이로 활용해 보자. 내가 만든 콜라주 작품이 새로운 이야기를 들려 줄 것이다.

준비물 ◆ 하드 커버로 된 헌 책, 콜라주할 다양한 종이, 아크릴 물감, 젯소, 붓, 팔레트, 가위, 핑킹 가위, 풀, 폴더, 레이스, 데코용 테이프, 집게, 색연필 등.

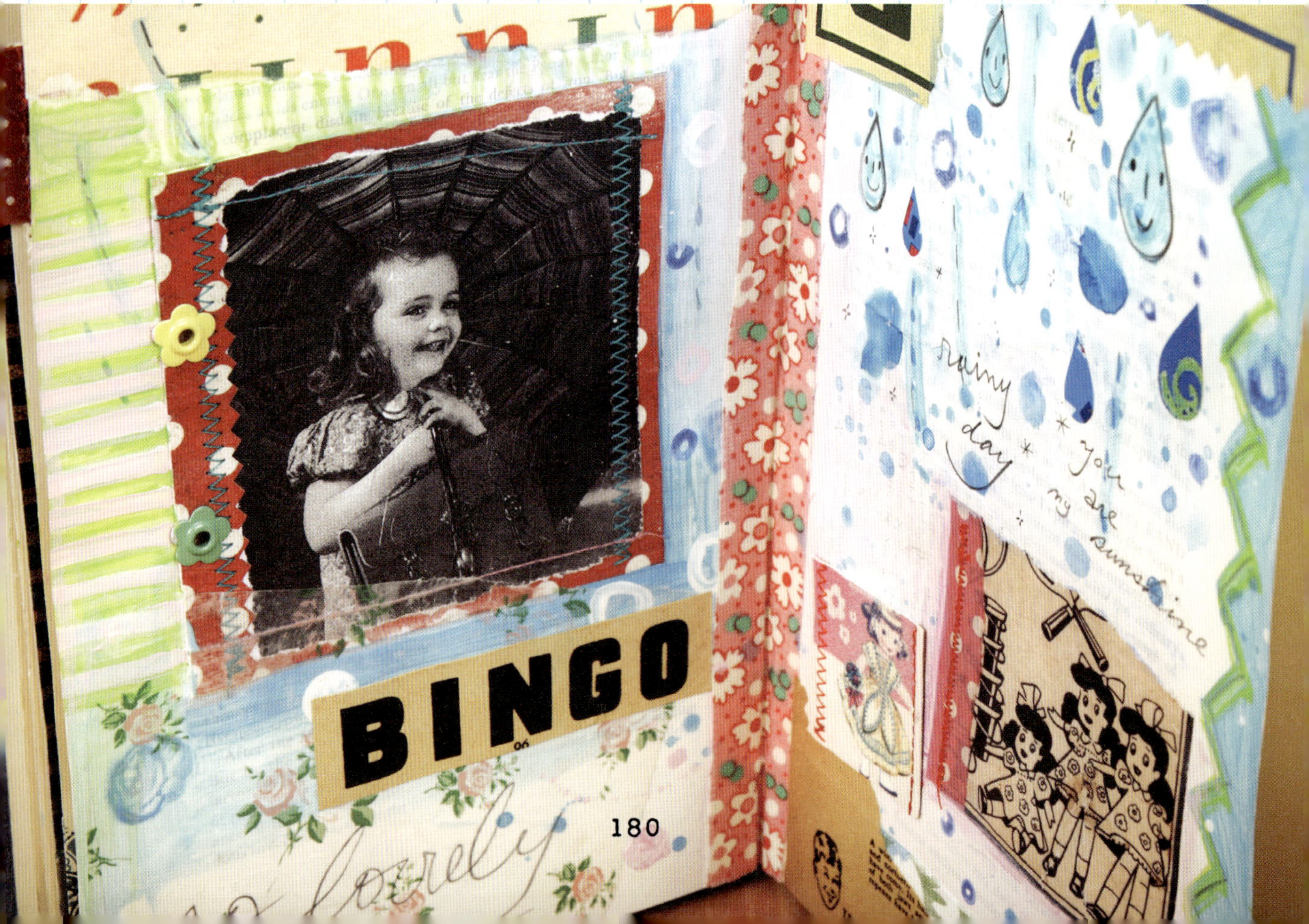

1

헌 책과 콜라주할 재료들을 준비한다.

2

책의 한 면을 펼치고, 양쪽 끝에 집게를 꽂아 고정시킨다. 바탕의 글씨가 은은하게 보이도록 젯소를 2~3번 얇게 펴 바른다.

3

콜라주할 이미지들 가운데 주제가 될 이미지를 먼저 콜라주한다. 해당 콜라주 작업을 마치면, 여백에 아크릴 물감을 칠한다. 콜라주한 종이의 경계선 부분에 칠해 주면 자연스러운 느낌을 줄 수 있다.

4

물감이 마르면 나머지 이미지들을 콜라주한다. 이때 주제 이미지보다 작은 이미지들을 고른다.

5

콜라주 작업 위에 물감이나 색연필로 그림을 그려 준다.

6

핑킹 가위로 종이를 오려내 테두리를 장식하고, 다른 이미지를 손으로 찢어 상단에 붙인 후 폴더로 문지른다.

7

전사한 이미지를 포함한 나머지 종이 재료들을 붙이고 마무리한다.

완성된 책 속지.

Special Gallery

서효정의 콜라주

BUFFALO BILL, Jr. in "HORSE THIEVES"

VIEW-MASTER REEL

SAWYER'S Inc., Portland, Oregon © 1955 by Flying A Productions

965-B

1 "THEY'RE TAKING NIGHT WIND," WHISPERED CALAMITY.

2 BILL'S FLYING LEAP LANDS HIM IN TROUBLE!

3 "THEY SURE CLOBBERED YOU! COME ON, LET'S CATCH THEM!"

4 BILL AND CALAMITY CATCH UP WITH THE HORSE THIEVES.

5 BILL RUSHES RIGHT INTO THE FIRE OF THE ROARING 45'S!

6 CALAMITY'S LARIAT SNARES THE OTHER THIEF!

7 "NICE ROPING, SIS," SAID BILL. "NICE PUNCHING," SHE REPLIED.

75 JAHRE MOTORISIERUNG DES VERKEHRS

1886 1961

20 DEUTSCHE BUNDESPOST

53c

21c

DOOR PRIZE

DROP THIS STUB IN BOX AT THE DOOR

877716

THE TOLEDO TICKET CO., TOLEDO

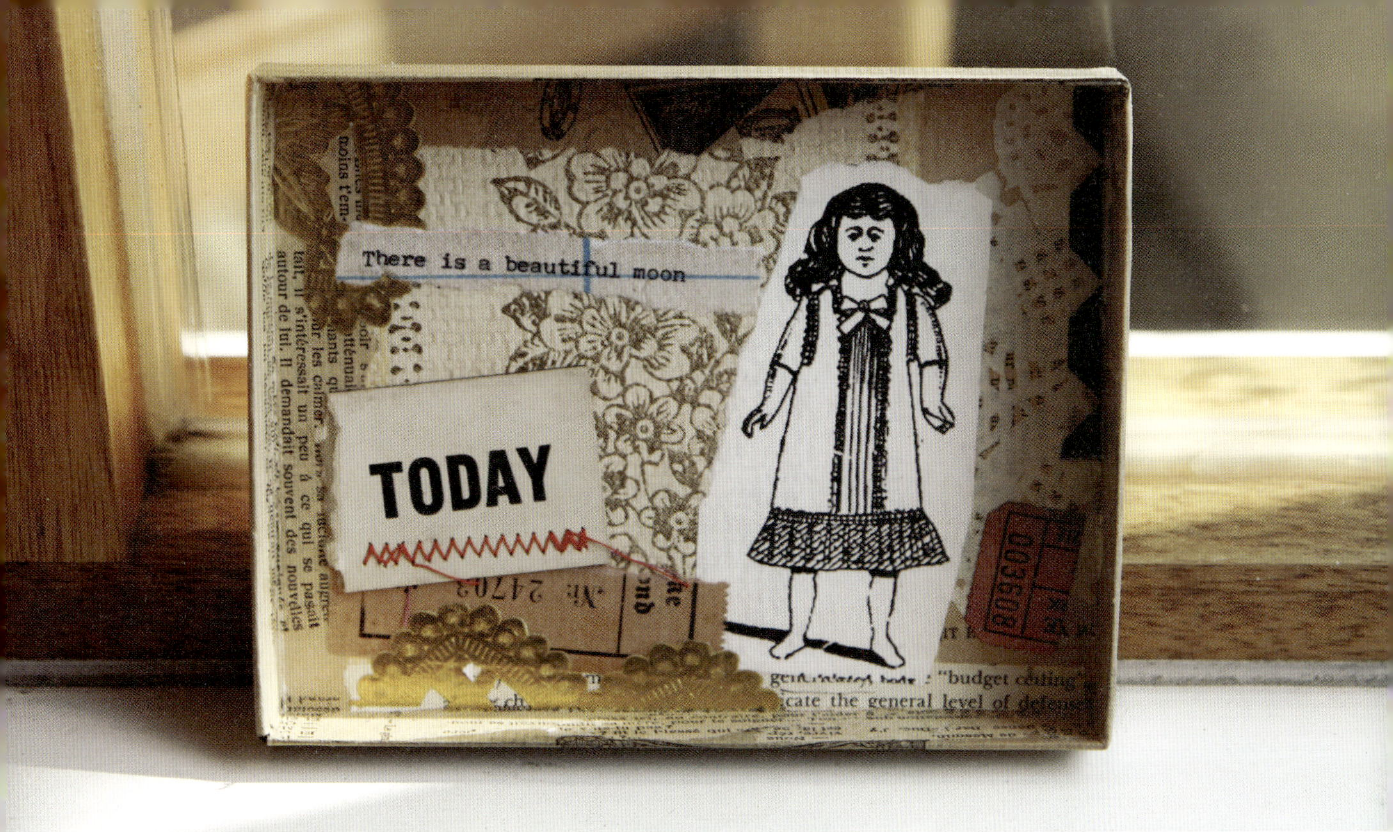

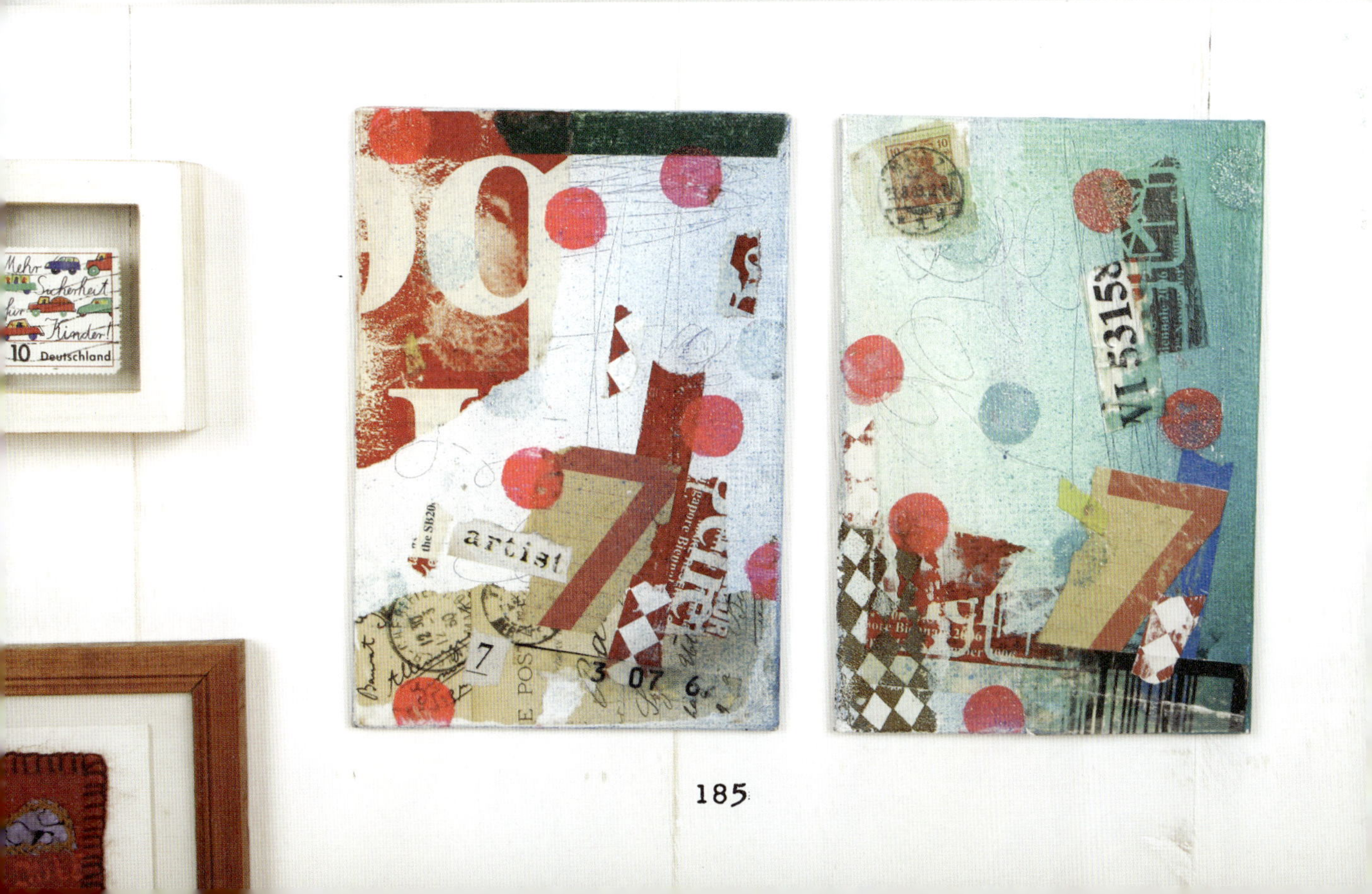

Mehr Sicherheit für Kinder!
10 Deutschland

artist

VI 53158

project 6

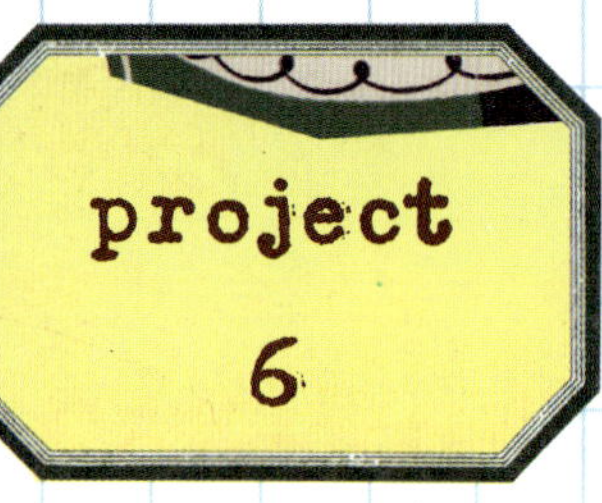

민진아! 백일을 축하해~ ◈ 기념 액자 콜라주

빈 나무 액자 틀을 구하여 백일을 기념하는 콜라주 액자를 만들어 보자. 아기의 백일을 기념할 만한 아기 사진들과 예쁘고 사랑스런 느낌을 주는 각종 재료들을 준비하여 아기에게 뜻 깊은 선물을 해 주자.

준비물 ◆ 아기 사진, 나무 액자, 아크릴 물감, 바니시, 붓, 팔레트, 사포, 자, 칼, 폴더, 데코용 종이, 두꺼운 종이, 오공본드 또는 제본용풀, 순간접착제, 레이스, 리퀴드 엠보싱, 전사할 재료(네일 에나멜 리무버 이용), 여러 가지 장식용품 등.

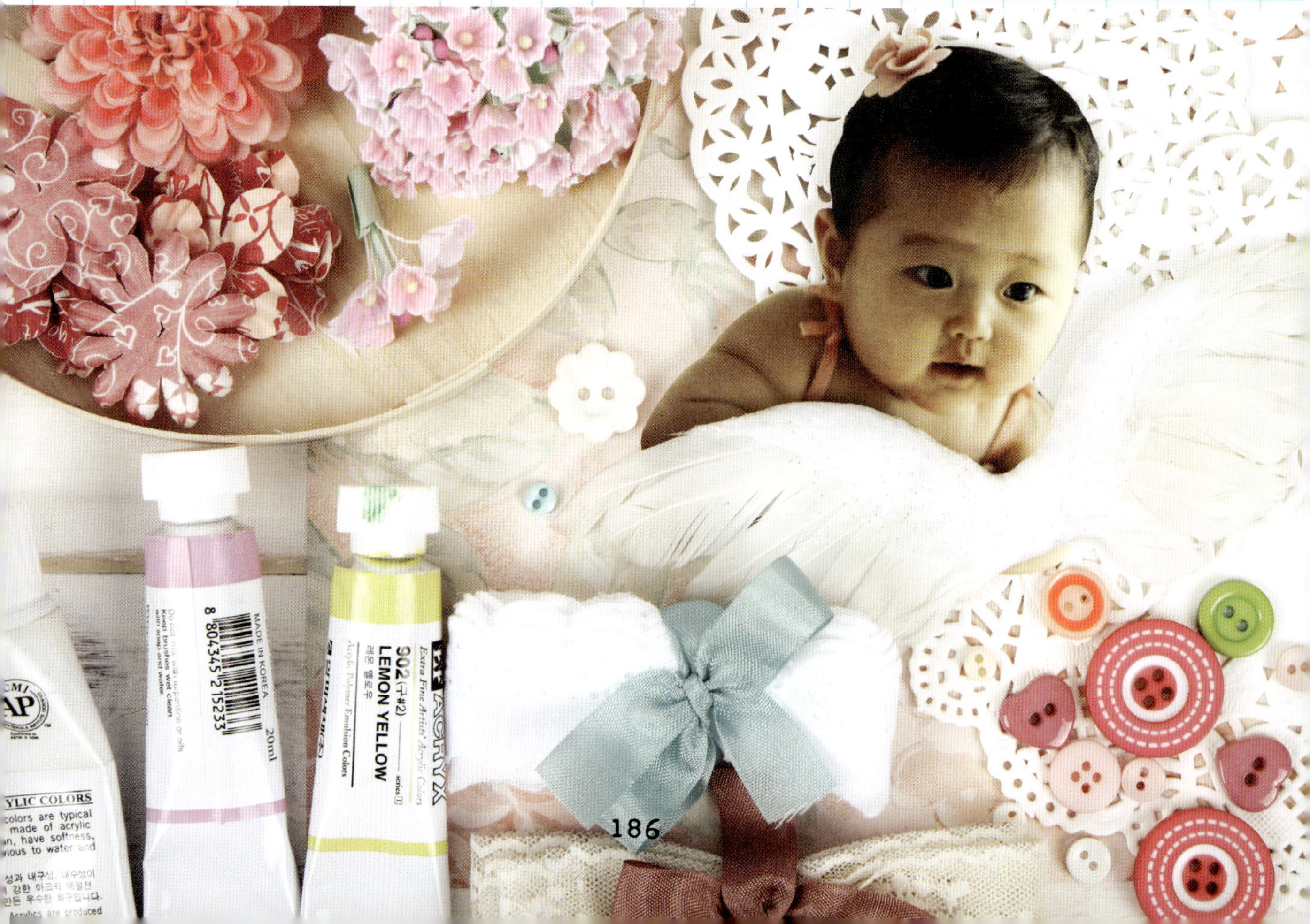

1

밝은 분홍색 아크릴 물감으로 나무 액자 틀을 칠한다.

2

물감이 마르면 거친 면을 정리하고 나뭇결을 살짝 드러내기 위해 액자를 사포로 다듬는다.

3

콜라주할 배경 판을 만들어 보자. 액자 안쪽과 같은 크기의 도화지를 준비하여 데코 종이의 뒷면에 붙이고 남은 테두리로 감싸 붙여 준비한다(p.193 일러스트 참고).

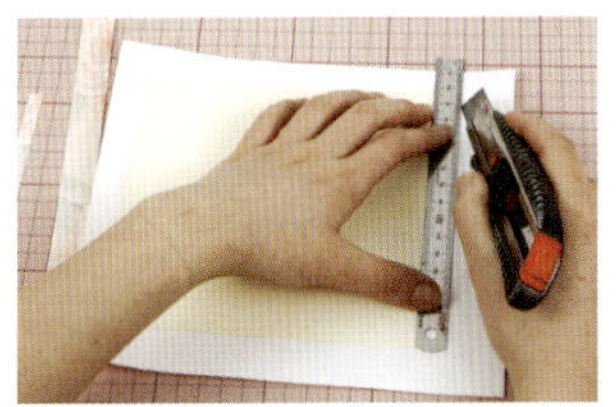

4

레이스에 오공본드를 칠하고, 완성된 배경지 위에 레이스를 붙인다.

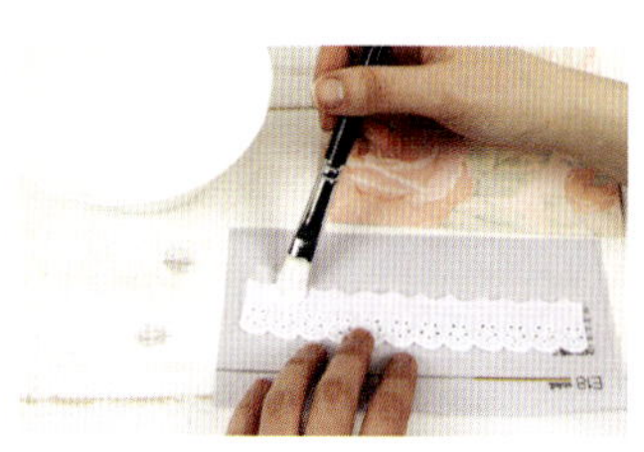

5

배경지 뒷면에 오공본드를 칠하고 액자 안쪽에 붙인다. 폴더를 이용하여 꼼꼼히 문질러 준다.

6

나무 액자 위에 도일리를 잘라서 붙인다.

7

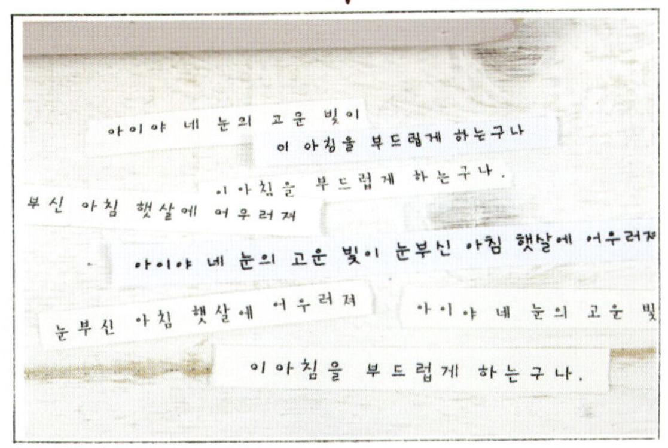

아이에게 쓰는 짧은 글을 적어 예쁜 타이포로 출력해 잘라 둔다. 나중에 바니시를 칠할 때 글씨가 번지지 않도록 레이저 출력이나 복사하여 준비한다.

8

아기 사진과 장식 재료들을 준비하고 액자 위에 어떻게 배치할 것인지 구성해 본다.

9

먼저 바탕을 구성할 종이 재료들을 콜라주하여 붙이고, 나머지 입체 재료들을 붙이기 전에 바니시를 발라 준다.

10

바니시가 마르면 순간접착제로 날개 장식을 붙인다.

11

아이 사진을 날개 가운데에 붙인다. 사진이 얇을 경우 사진 뒷면에 종이를 덧대거나 애초에 두꺼운 종이에 출력하여 붙인다.

12

장식용 꽃의 위치를 잡아 순간접착제로 붙인다. 장식용 재료를 붙일 때는 순간접착제를 사용하는 것이 좋다.

13

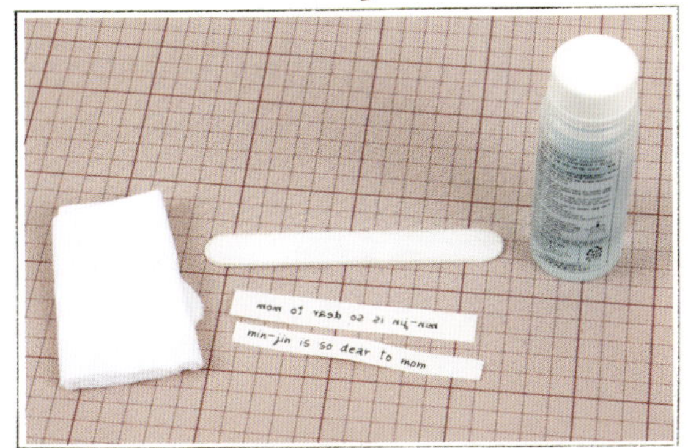

하드 막대에 흰색 아크릴 물감을 발라 준비하고, 네일 에나멜 리무버를 이용하여 전사할 재료들을 준비한다.

14

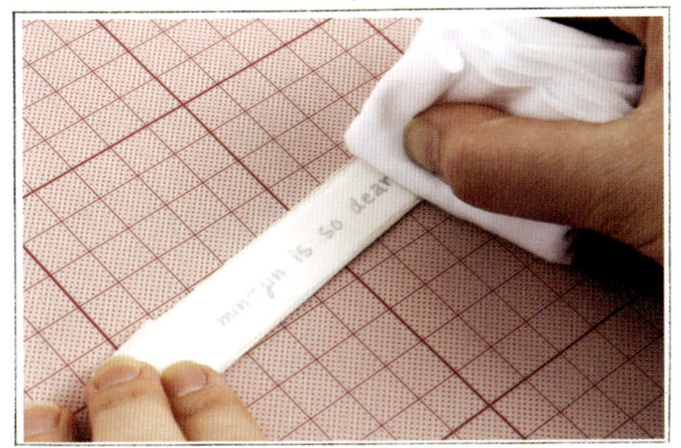

하드 막대에 원하는 문구를 적은 글을 네일 에나멜 리무버를 이용해 전사한다.

15

전사된 하드 막대를 액자 하단에 붙이고, 다양한 장식 단추 및 재료들로 액자 테두리를 장식해 준다. 장식 재료 위에 리퀴드 엠보싱을 바르고 마무리한다. 리퀴드 엠보싱은 마르는 시간이 오래 걸리므로 마지막에 발라 주는 것이 좋다.

100
아이야 네 눈의 고운 빛이
눈부신 아침 햇살에 어우러져
이 아침을 부드럽게 하는구나.
min-jin is so dear to mom
아이야 네 눈의 고운빛이
눈부신 아침 햇살에 어우러져
이 아침을 부드럽게 하는구나.

완성된 백일 기념 액자.

배경지 틀 만들기

1

데코 종이 뒷면에 액자 안쪽과 같은 크기의 도화지를 잘라 붙인다.

2

도화지를 감쌀 정도의 여분만 남기고 불필요한 부분은 자를 이용해 잘라낸다.

3

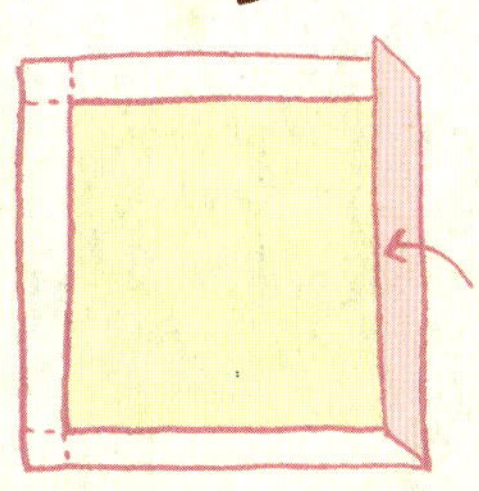

남은 데코 종이의 여백을 폴더를 이용해 안으로 접어 준다.

4

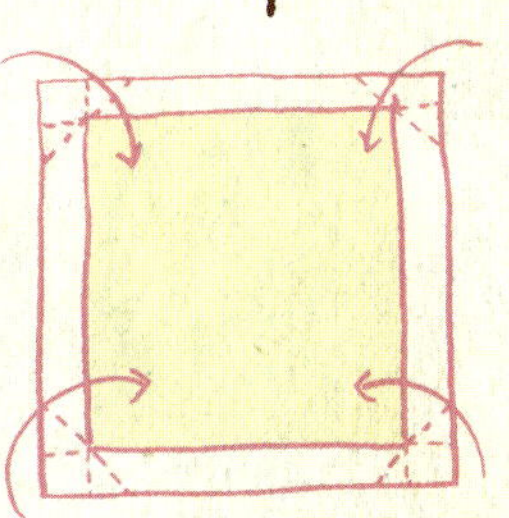

그림에 표시된 네 모서리 부분에 풀칠을 한다.

5

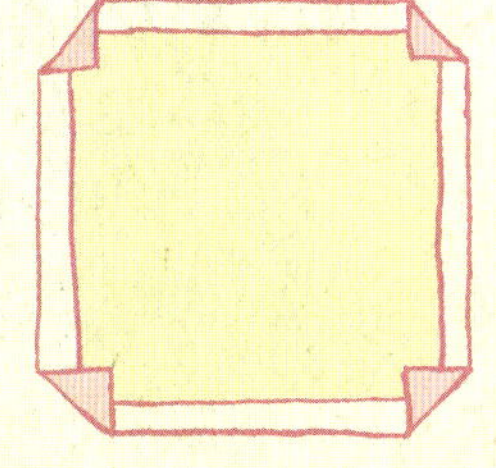

안으로 접어 붙인다.

6

사방 날개 부분에 풀을 칠하고 안으로 접어 붙인다.

7

완성된 모습.

project

7

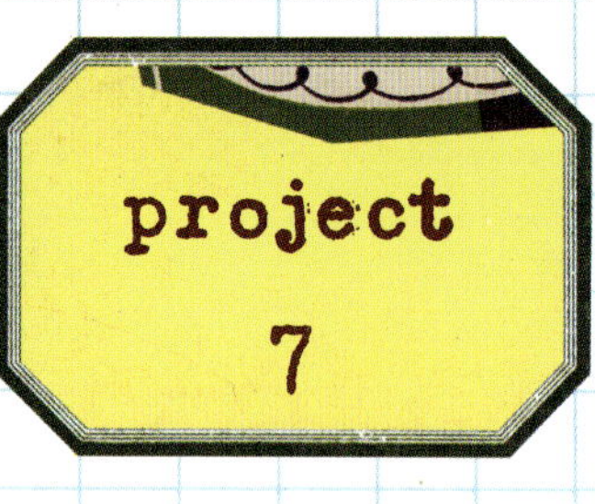

태연이의 탄생을 알립니다 ◈ 콜라주 게시판

적당한 크기의 나무 판을 구해 특별한 날을 축하하는 콜라주 게시판을 만들어 보자. 아기의 첫 날을 기념하는 아기 사진과 발 도장 등의 이미지들을 준비하고, 스탬프 도구와 여러 가지 장식 소품들을 마련하여 다양하게 꾸며 본다.

준비물 ◆ 아기사진, 나무 액자, 콜라주할 다양한 종이와 장식 재료들, 다리미, 천, 아크릴 물감, 도화지, 붓, 팔레트, 가위, 풀, 오공본드, 순간접착제, 태그 메이커 림과 툴, 스탬프, 디스트레스 잉크 패드, 잉크 블렌딩 툴, 리퀴드 엠보싱, 아일렛, 아일렛 펀치, 모양 펀치.

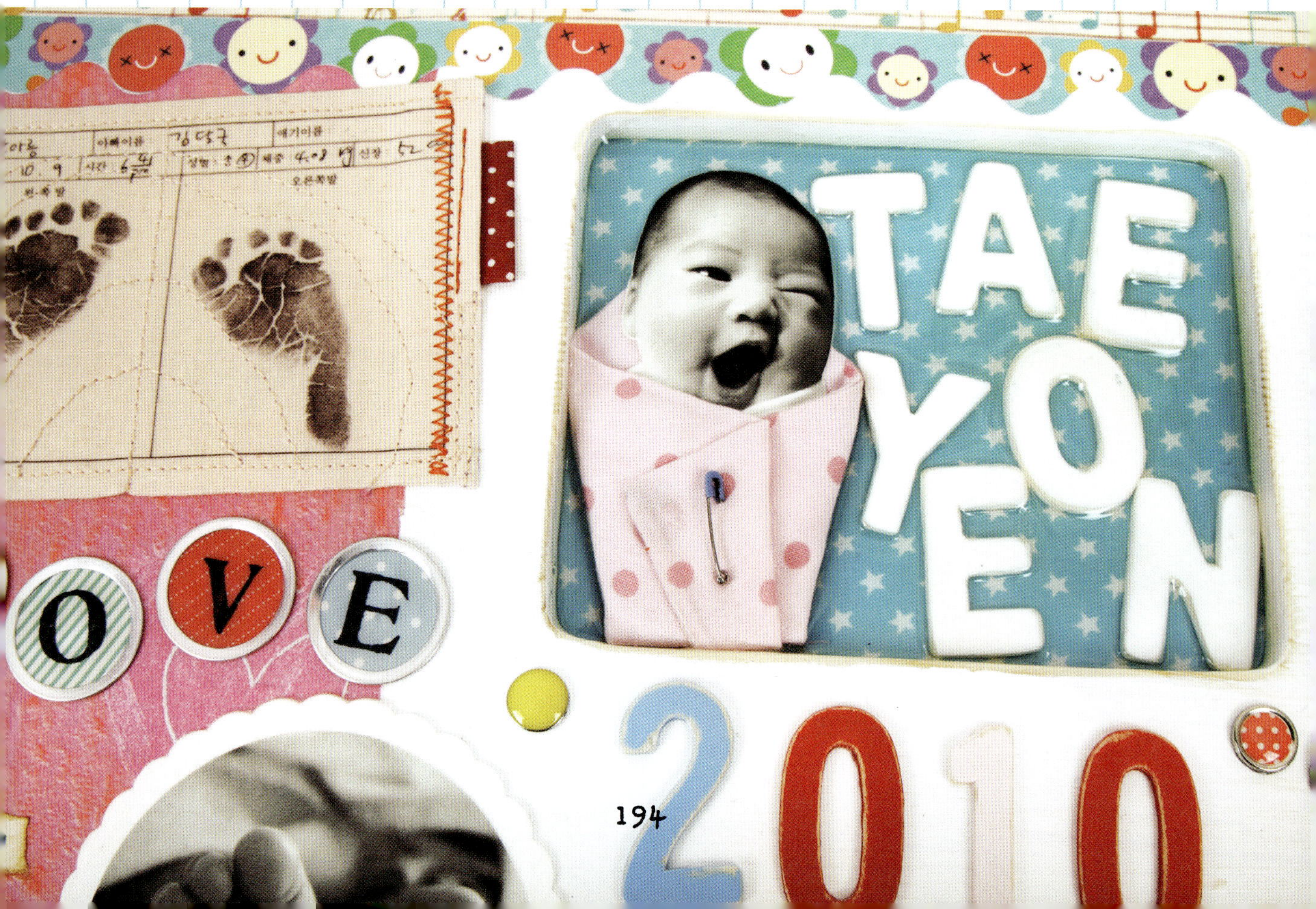

1

다양한 모양의 아일렛과 장식 소품.

여러가지 장식 벳지.

숫자와 알파벳, 데코테이프, 다양한 무늬의 종이.

주제로 사용할 아기 사진.

콜라주에 필요한 다양한 재료들을 준비한다.

2

사진을 넣을 수 있는 나무 액자와 아크릴 물감, 붓을 준비한다. 나무 액자에 아크릴 물감을 펴 바르고, 물감이 마르면 사포로 문질러 표면을 다듬어 준다.

3

사진이 들어갈 부분의 크기대로 도화지를 오리고, 준비한 천의 중앙에 오공본드를 발라 붙인다.

4

둥근 모서리를 싸기 위해 모서리 부분을 잘게 잘라 준다. 자른 모서리 네 곳을 먼저 안으로 접어 붙이고, 남은 면들을 접어 붙인다.

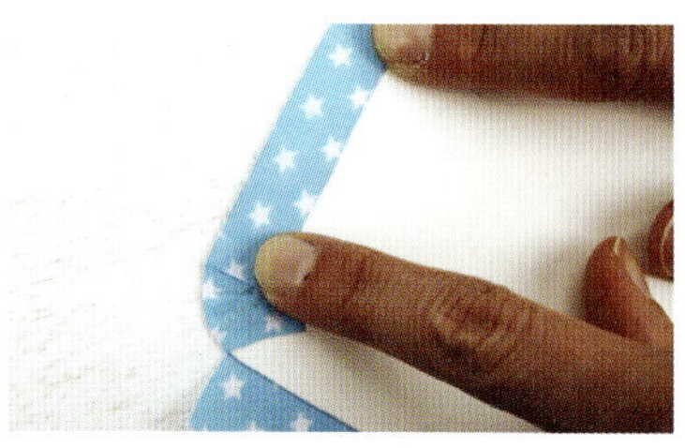

5

도화지를 감싼 천을 나무 액자의 빈 구멍에 맞추어 붙인다. 액자를 꾸밀 데코 종이들을 준비하고 이미지를 구성하여 콜라주한다.

6

기본 바탕이 완성되면 아기 사진과 장식 재료들을 준비하여 구성해 본다. 먼저 주제가 되는 아기 사진의 구도를 잡은 후에 주변 장식을 해 나가는 것이 좋다.

7

아기에게 어울리는 포대기를 만들어 보자. 적절한 천을 골라 뒷면을 반으로 접어 트인 두 곳을 바느질한 뒤 뒤집어서 포대기처럼 접는다.

8

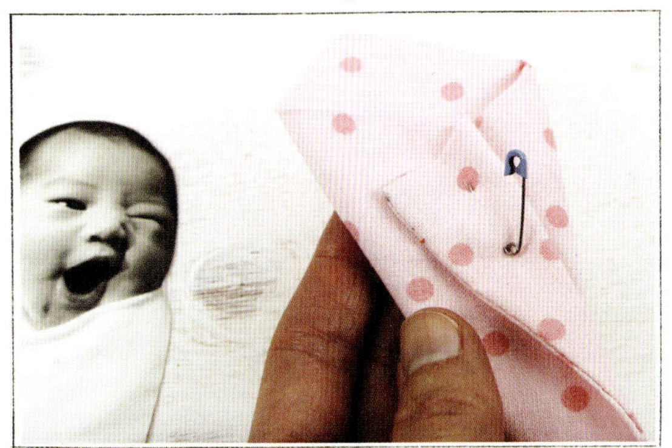

포대기를 감싼 모양의 형태를 귀여운 핀으로 고정시킨다.

9

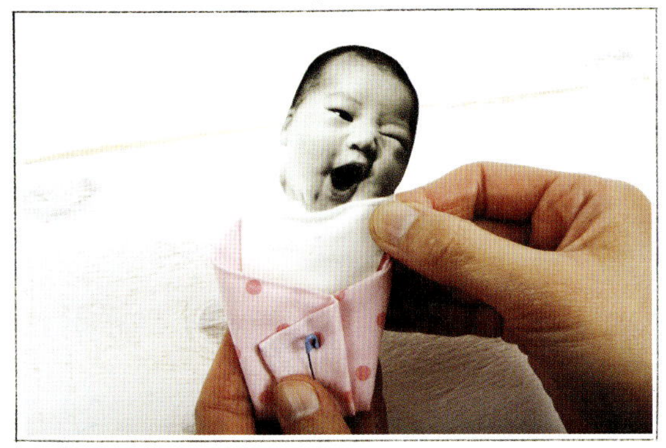

사진이 포대기 속에 들어가도록 적당히 잘라내고, 사진 뒷면에 풀칠을 하여 포대기 속에 넣고 붙인다.

10

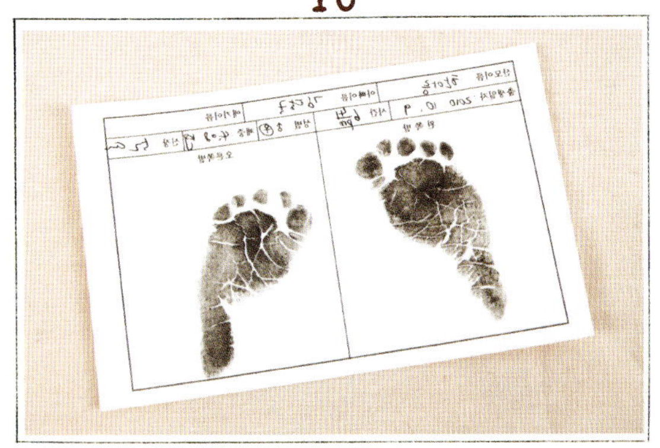

아기가 태어났을 때 찍은 발 모양 사진을 잉크젯 전사지에 출력한다. 전사를 할 때 이미지의 좌우가 바뀌는 것을 고려하여 이미지를 반대로 바꾼 후 출력하도록 한다.

11

천 위에 이미지가 맞닿도록 종이를 뒤집어 놓고, 예열한 다리미로 1~2분간 다려 준다.

12

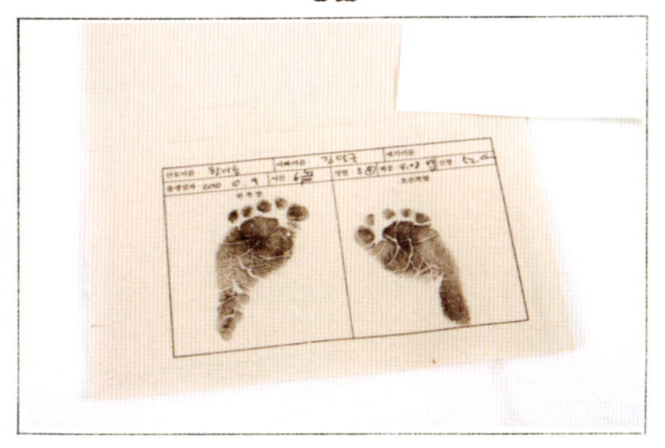

천에 이미지가 전사되었다. 잉크젯 전사지를 사용할 경우, 다림질을 한 후 천이 어느 정도 식을 때까지 기다렸다가 전사지를 떼내야 이미지가 잘 고착된다.

13

이미지가 덮이도록 천을 반으로 접고, 나중에 천을 뒤집을 한곳만 제외하고 트인 곳을 재봉틀로 박아 준다.

14

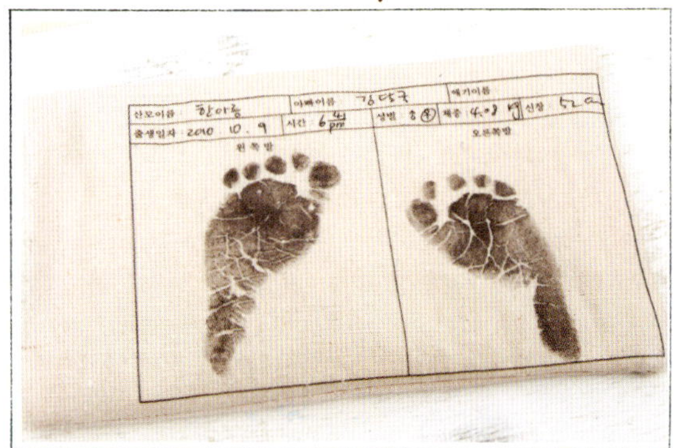

트인 곳으로 천을 뒤집어 빼내고 정돈한다.

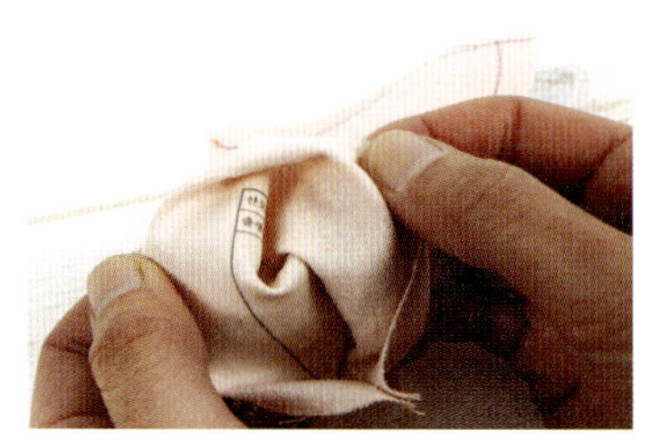

15

라벨과 색 실, 아일렛을 이용해 콜라주한다.

16

귀여운 아기 발 사진을 모양 펀치로 찍어 사진의 테두리를 둥글게 잘라 준다.

17

콜라주할 재료들을 준비하고 나무 판에 자리를 잡아 붙여 나간다. 순간접착제를 이용하여 알파벳, 브래드, 단추 등의 데코용 재료들도 장식한다.

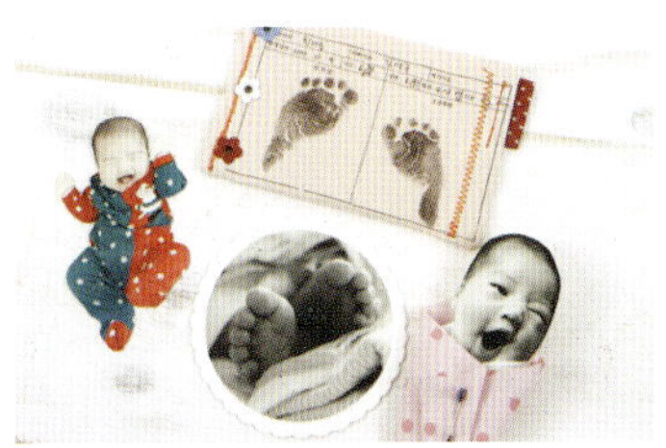

18

여러 가지 데코용 종이를 태그 메이커 림의 크기에 맞게 오린다. 오린 종이 위에 알파벳 스탬프를 찍고, 태그 메이커 림의 뒤쪽 홈 안으로 끼워 넣는다.

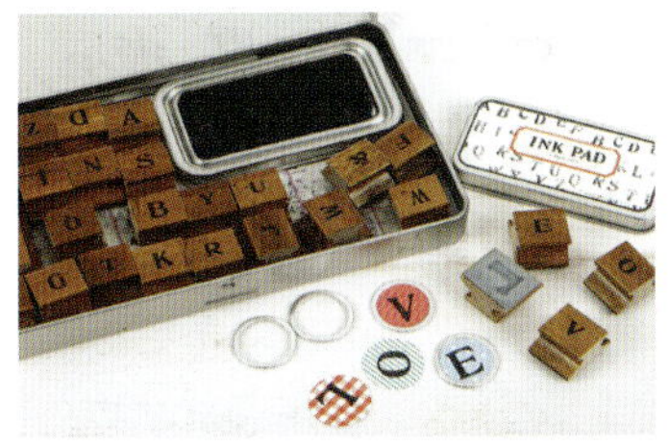

19

종이를 끼운 태그 메이커 림을 태그 메이커 툴 사이에 넣고 눌러 준다. 툴이 없으면 고무 망치로 태그 메이커 림의 테두리를 두들겨 압착시켜도 된다.

20

아이에게 전하는 짧은 글을 써서 예쁜 타이포로 출력한다. 자연스러운 느낌이 나도록 글자 테두리를 손으로 찢어 준다.

21

액자 위에 찢어낸 종이를 올려서 붙일 위치를 잡는다.

22

잉크 블랜딩 툴에 디스트레스 잉크를 묻혀서 종이에 문질러 준다. 가장자리에 문질러 주면 더 효과적이다.

23

잉크로 문지른 종이를 글 순서에 맞게 나무 판에 붙인다.

24

문구점에서 구입한 색 압정을 나무 판 위에 꽂아 장식한다.

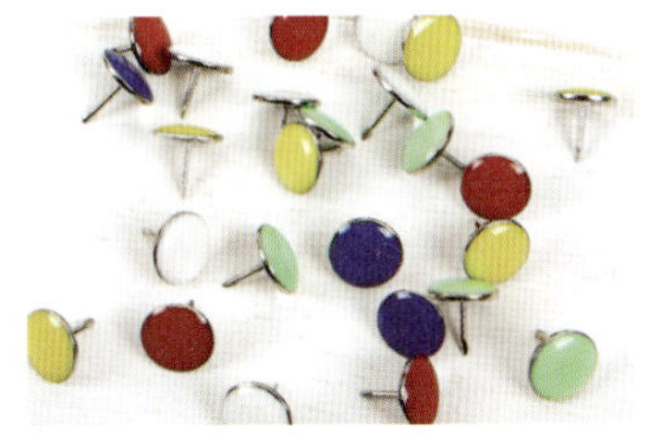

25

비어 있는 곳을 찾아 다양한 장식 재료들로 꾸며 준다. 꾸미기를 마치면, 홈이 파여 있는 틀 안에 리퀴드 엠보싱을 바르고 마무리한다.

완성된 콜라주 게시판.

TAE
YO
EN
LOVE
2010
10.9
너의 반짝이는 눈빛
삐죽 솟아오른 머리칼
아침을 깨우는 웃음소리
느닷없이 피어오르는 하품.
자그마한 손가락
너의 모든 것을 사랑하는
엄마의 이야기를 들어보렴.

사랑스런 나의 아가야
너의 반짝이는 눈빛
자그마한 손가락
아침을 깨우는 웃음소리
삐죽 솟아오른 머리칼
느닷없이 피어오르는 하품.
너의 모든 것을 사랑하는
엄마의 이야기를 들어보렴.

project

8

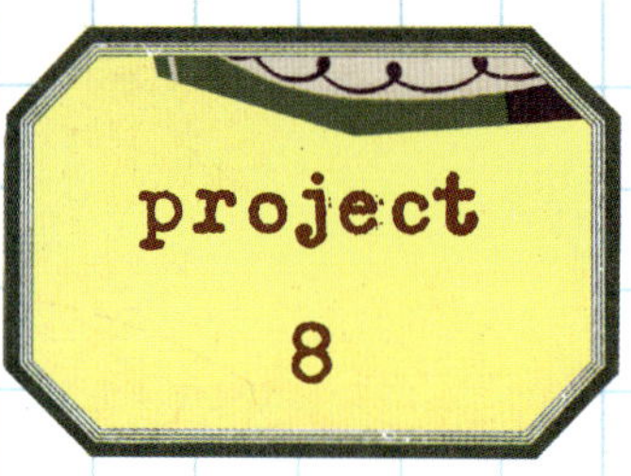

즐거운 루비 ◈ 상자 속 콜라주

두꺼운 재질의 선물 상자나 상품이 들어 있던 나무 상자를 이용하여 콜라주 작품을 만들어 보자. 상자의 깊이감을 활용하여 입체적으로 콜라주해 주면, 훨씬 다양하고 생동감 넘치는 인테리어 소품을 만들 수 있다.

준비물 ◆ 나무 상자, 아기 사진, 데코용품, 다양한 데코 종이, 팝 도트, 바니시, 폼보드, 스탬프와 네일 에나멜 리무버를 이용한 전사에 쓰일 재료, 아크릴 물감, 겔 미디엄, 순간접착제, 오공본드, 도화지, 가위, 붓, 팔레트, 두꺼운 실, 폴더 등.

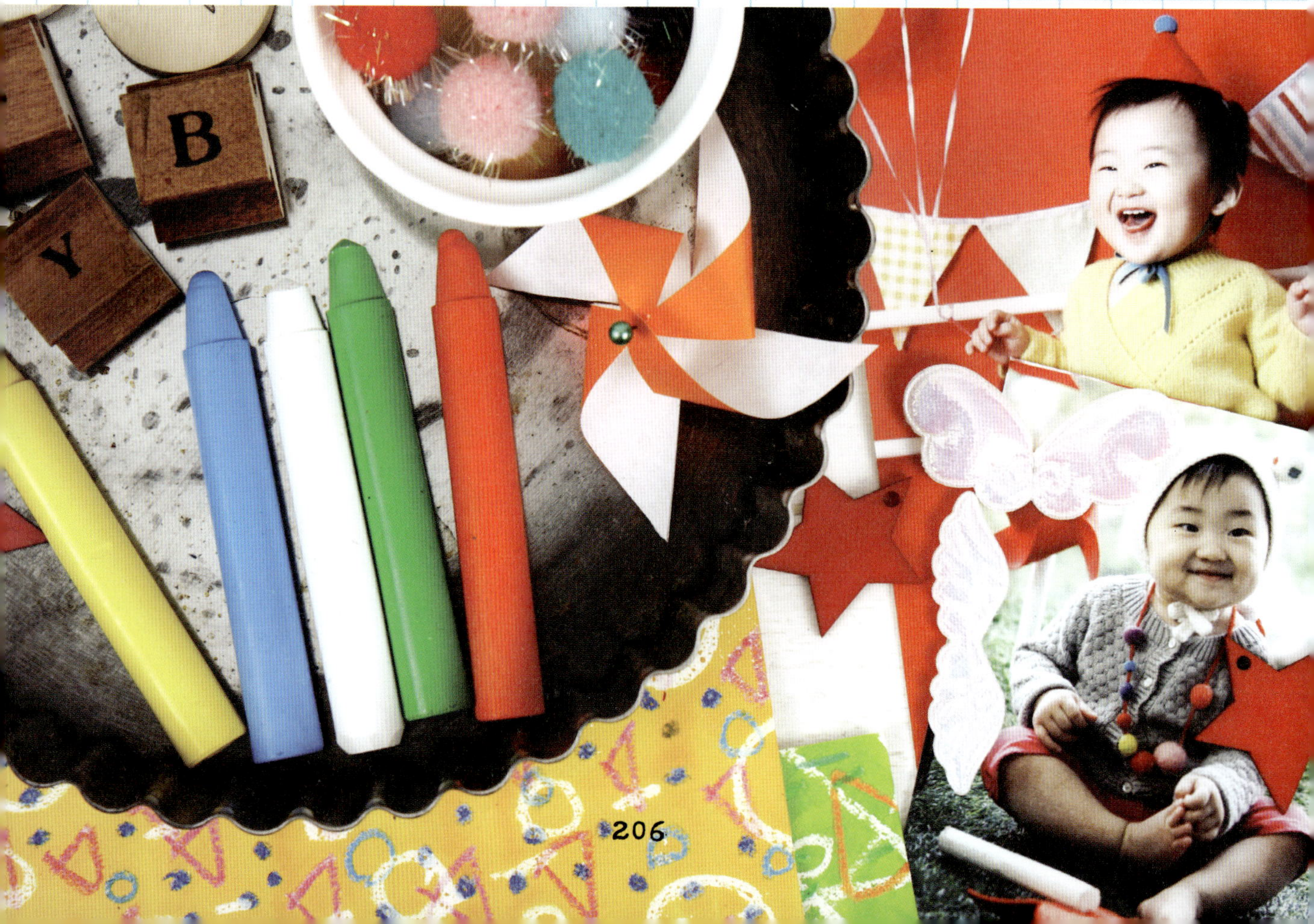

1

재활용할 나무 상자를 준비한다. 이미지가 남아 있는 부분은 사포로 문질러 흔적을 없애 준다. 나무 토막 같은 평평하고 딱딱한 재료를 사포에 싸서 문질러 주면 더 효과적이다.

2

원하는 색의 아크릴 물감으로 나무 상자를 여러 번 칠한다. 물감이 마르면 다시 한 번 사포질을 하여 거친 면을 없앤다.

3

별 모양을 스텐실하기 위해 도화지에 별 모양을 그리고 파낸다. 한 번 사용한 종이는 뒷면에 물감이 묻어서 사용할 수 없으므로 스텐실하는 개수만큼 도화지를 오려 준비한다.

4

상자 테두리 면 위에 파낸 별모양의 종이를 올려 놓고, 나이프나 딱딱한 카드로 아크릴 물감을 긁어낸다. 이미지에서 튀어나간 부분이 있으면 이미지가 완전히 마른 뒤 사포로 다듬어 준다.

5

데코 종이에 상자 바탕면 크기의 심지(두꺼운 도화지)를 넣고 싸서 배경 틀을 만든다(p.193 일러스트 참고). 작업한 데코 종이를 오공본드를 이용하여 상자 바닥에 붙인다.

6

상자 안을 꾸밀 모양을 스케치한 뒤 오린다. 오려낸 종이를 폼보드에 대고 따라 그린 후 잘라낸다.

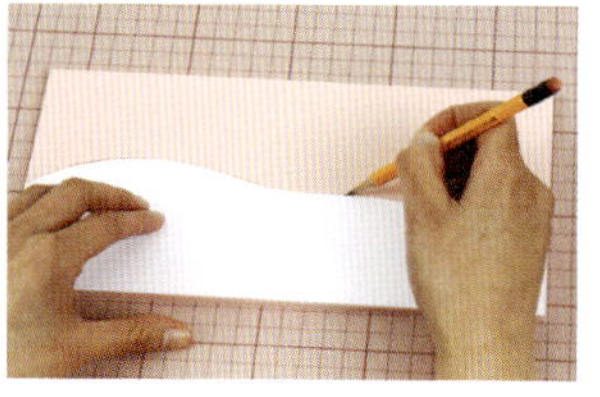

7

폼보드 뒷면에 순간접착제를 바르고 상자 아래쪽에 붙인다.

8

콜라주할 재료들을 준비하여 상자 안에 배치해 본다.

9

콜라주할 평면 종이들을 골라 먼저 붙이고, 그 위에 바니시를 바른다. 안쪽 테두리면에도 발라 준다.

10

바깥쪽 면 전체에도 바니시를 바른다.

11

크레파스와 수채화 물감을 이용하여 여러 가지 무늬가 있는 색지를 만든다. 풍선 모양의 본을 만들어 색지 위에 대고 오려낸다.

12

오려낸 색지를 반으로 접은 후, 모양을 따라 오려내 같은 모양의 색지를 한 장 더 만들어 준다. 한쪽 풍선 뒷면에 실을 붙인다.

13

실로 고정한 종이 위에 같은 모양으로 잘라낸 색지를 마주 붙인다. 잘 붙도록 폴더로 문질러 준다.

14

다 붙인 종이 위에 바니시를 바른다. 수채화 물감이 번지지 않도록 신속하게 발라 준다. 이때 바닥에 달라붙지 않도록 생수병 뚜껑에 받치고 작업하면 좋다.

15

동그란 모양의 양면 접착제인 팝 도트를 준비한다. 두께가 있어서 이미지를 입체적으로 나타내기에 좋다.

16

이미지가 놓일 자리에 팝 도트를 붙인다. 고정한 팝 도트 위에 아이 사진과 만들어 놓은 풍선을 붙인다.

17

풍선을 다 붙인 후 풍선에 연결된 실들을 모아 적당한 길이를 남기고 아이 사진 뒷면에 붙여 준다.

18

주제 이미지를 고정시킨 후 비어 있는 부분을 콜라주한다.

19

둥근 장식용 나무 판에 원하는 색상의 아크릴 물감을 칠하고, 사포로 문질러 둔다. 준비한 나무 판 위에 알파벳 스탬프 도구들을 이용하여 아이의 이름을 찍어 준다.

20

작업한 알파벳을 아이 사진 사이에 넣어 붙인다. 아크릴 물감을 칠한 나무 막대 위에 원하는 글씨를 전사한 다음, 상자 테두리에 포인트로 붙여 준다.

21

스탬프를 찍은 알파벳과 전사한 글씨 위에 리퀴드 엠보싱을 발라 마무리한다.

완성된 상자 속 콜라주.

RUBY

이 파트를 마치며...

콜라주는 뚜렷한 형식이나 제약이 없기 때문에 누구나 시도할 수 있다. 하지만 막상 좋은 결과물을 얻는다는 것이 생각만큼 쉽지는 않을 것이다. 이 책을 통하여 좋은 재료를 발견하고 이미지를 구성하는 적절한 안목과 감각을 키울 수 있기를 바란다. 지금까지의 과정을 익혔다면 자유로운 발상과 다양한 기법 및 재료들을 혼합하여 자신만의 색깔이 묻어나는 콜라주 작업으로 나만의 특별한 이야기를 만들어 보길 기대한다.

by 서효정

Special Gallery
서효정의 콜라주

Tuesday
FRI
SUN
24 25 26 27 28 29 30 31
FEBRUARY
THU
Wednesday
JAURÈS
SERURIER
Belleville
Pl.Gambetta
217

and Ca

VÉRIFIÉ

DRUCKSACHE

College Supplies

콜라주 작품 감상

멜리 랜*Mellie Lane*, 〈패키지에 관한 책〉, 영국(2008)

번트 레이처트*Bernd Reichert*, 〈포스트-잇, 메일-잇〉, 벨기에(2009)

장 델보*Jean Delvaux*, 〈그림책〉, 룩셈부르크(2002)

프란시스 반 말러*Francis Van Maele*, 〈서울 포스터〉, 아일랜드(2011)

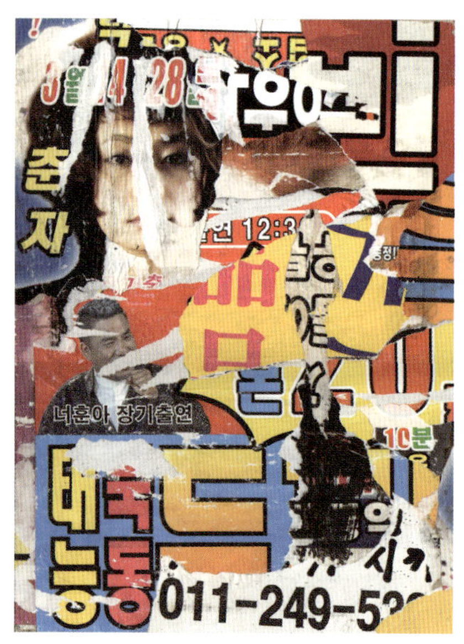

클라우디아 리히터*Claudia Richter*, 〈콜라주 포스터 카드〉, 독일(2000)

프리츠 자우터*Fritz Sauter*, 〈'익살맞은 시체' 콜라주〉, 스위스(2009)

bacl
Red Go
7
Sa
sil
Val
Edw
IME
NU

No.
ET SÛRS
PIA

réf. 900E

M. D. GUNASENA & Co. LTD.
Printers & Stationers
COLOMBO
No.
Received from
the sum of Rupees
cents
19

ALWAYS FRESH
BON CAFÉ SANS
CORÉE
EXTRA

CORRESPONDANCE
DES ARMÉES DE LA RÉPUBLIQUE
ARTE EN FRANCHISE
Adresse :
Madame Grillot
POSTES
RÉPUBLIQUE·FRANÇAISE
PARIS-96
RUE GLUCK
BOURSE
1939

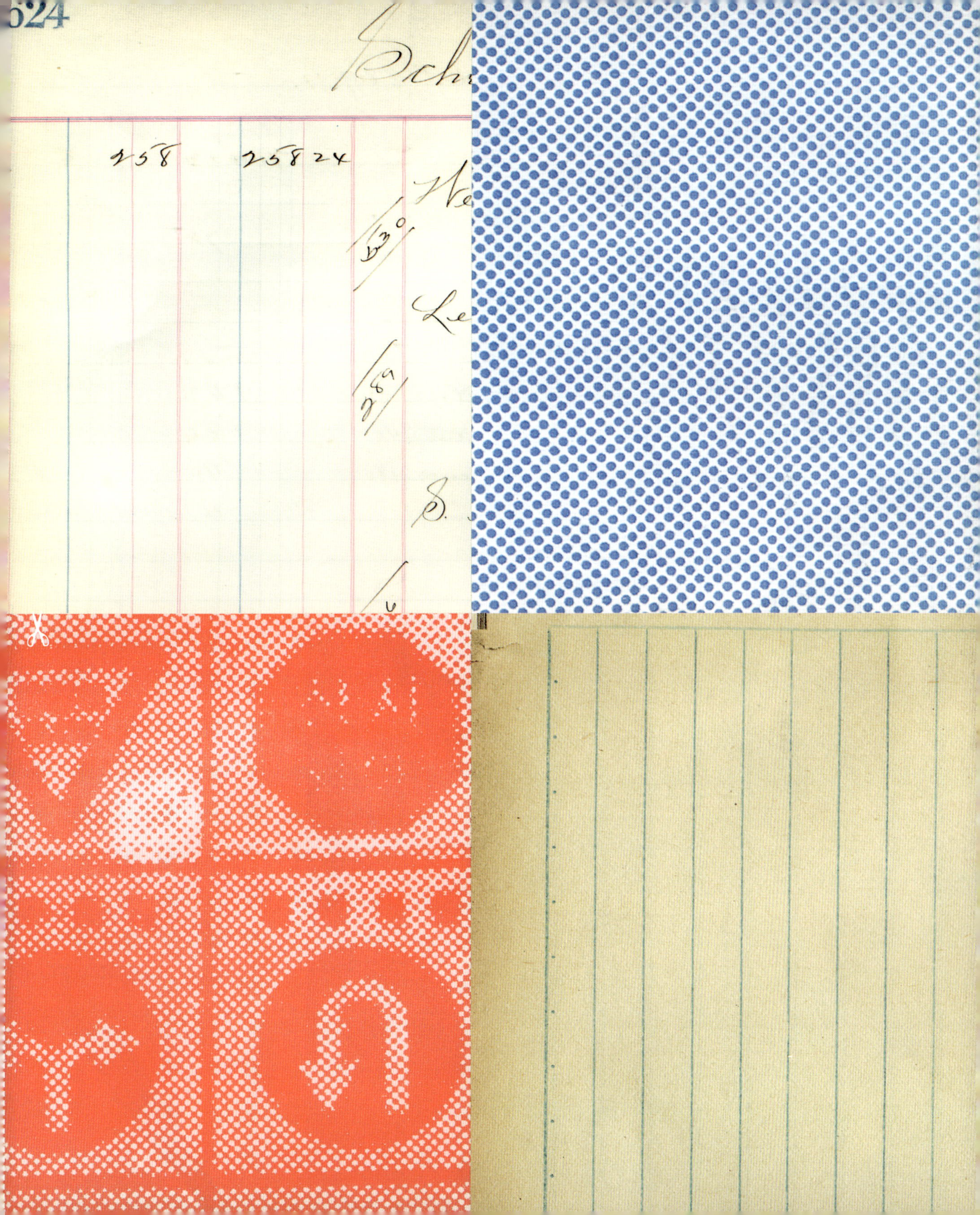

101

BEGUN.] [A.-S. *beginnan, ginnan.*] 2. 1. To take rise; to commence. 2. To take the first step. — *v. t.* To enter on; to commence. [tyro.
BE-GĬN'NER, *n.* One who begins; a
BE-GĬN'NING, *n.* 1. First cause. 2. First state; commencement. 3. Rudiments or first materials.

ng, promoti g, or
rits or joy.

us.] C ive

CHEER, *n.* [Gr. *κάρα*, head, face.] 1. A state of feeling or spirits. 2. A state of gayety or mirth. 3. Entertainment. 4. Applause; encourage-

ĂM'I-LY, *n.* [Lat. *famili*
lus, servant.] 1. Those livi
in the same house; a hous
A tribe or race; kindred. 3.
gy; lineage. 4. Honorable
5. A group of kindred indi
mor mprehensive than a

RIGH EN (brīt'n), *v. t.* [-E
1. To ake bright. 2. To
lustri 3. To shed ligh
4. To m ke acute. — *v. i.* T
bright, more bright.

E-LIĒVE', *v. t.* [-ED; -ING.]
be and A.-S. *lēfan, lyfan*, to
To regard as true; to credit.
1. To have a firm persuasion.
think; to suppose.

day, a
l from
; voy-
rimage.

t. honestus,
1. Fair
right; just.
or just prin-
good object.

rightful; sin-
erved.

nds, friend,
e.] 1. One
er by affec-

Moselbrücke Kochem=Kond

Nr. 24707 *

20 Rpf.

Gültig zur einmaligen Benutzung der Kochemer Moselbrücke am Tage der Ausgabe für 1 Person. Dieser Schein ist bis zum anderen Ufer aufzubewahren und auf Verlangen vorzuzeigen.

Stadt Kochem

Peter Rohs, Roland-Druckerei, Kochem